U0722517

2006年上海房地产业年度报告

上海房地产业的理论透视与实证研究

上海大学城市经营研究中心

上海大学房地产学院明泉地产工作室

著

中国建筑工业出版社

图书在版编目（CIP）数据

上海房地产业的理论透视与实证研究：2006年上海房
地产业年度报告/上海大学城市经营研究中心，上海大
学房地产学院明泉地产工作室著.—北京：中国建筑工业
出版社，2006
 ISBN 7-112-08275-7

 Ⅰ.上... Ⅱ.①上...②上... Ⅲ.房地产业—研究
报告—上海市—2006 Ⅳ.F299.275.1

 中国版本图书馆CIP数据核字(2006)第036409号

主　　编：唐豪　王云
编　　委：史东辉　徐勇谋　严国梁　邓江　钱国靖
　　　　　张贻春　王颖颖　陈炳辉　朱曦
责任编辑：徐纺　邓卫
封面设计：邵怡

上海房地产业的理论透视与实证研究：2006年上海房地产业年度报告
上海大学城市经营研究中心
　　　　　　　　　　　　　　　　　　著
上海大学房地产学院明泉地产工作室
*
中国建筑工业出版社出版、发行（北京西郊百万庄）
新华书店经销
上海市青年报社印刷厂　制版
上海市青年报社印刷厂　印刷
*
开本：889毫米×1194毫米　1/16　印张：9.5　字数：300千字
2006年4月第一版　2006年4月第一次印刷
印数：1—1600册　定价：22.00元
ISBN 7-112-08275-7
　　　　（14229）

版权所有　翻印必究
如有印装质量问题，可寄本社退换
（邮政编码　100037）
本社网址：http://www.cabp.com.cn
网上书店：http://www.china-building.com.cn

序

　　本书是上海大学房地产学院明泉地产工作室成立一年来的第一份重要研究报告,作为上海明泉房地产公司与上海大学房地产学院的校企合作项目,我们一直关注和参与各项房地产经济理论的研究工作,并以此作为我们企业制定发展战略的理论基础。

　　明泉地产在上海的 12 年,我们伴随着上海房地产业的发展而不断成熟,并取得了第三届上海房地产企业 50 强、上海房地产 18 年十大民营企业、上海房地产首批诚信承诺先进单位等荣誉。我们所创立的"东方神韵"民族地产文化理念,领导了上海房地产开发理念的创新,我们把它看成是对房地产业的一份贡献和一种历史赋予我们的社会责任。

　　经历了房地产业的风风雨雨,明泉地产走过了不平凡的发展历程,我们更加认识到企业要有自己的思想,不能随波逐流。企业要参与行业的经济理论研究,来指引未来的发展方向。为此我们与上海大学房地产学院建立了校企战略合作关系,使明泉地产向着文化型、研究型地产企业发展,使明泉未来的战略布局、产品研发、企业管理全面提升到一个更高的层次。

　　本研究报告在 2005 年房地产业经历了宏观调控,市场变化莫测的背景下出台,从非传统的、全新的视角对上海房地产业当前的发展背景和未来发展前景进行研究和探讨,通过对市场数据的不同分析模型,找出一些启示。作为一家之言,我们诚恳地期望得到政府主管机构、业界同仁和专家学者的支持,并提出中肯的意见,欢迎不同观点的交流和沟通。以后,我们明泉地产工作室每年都会把研究成果整理成这样的学术报告,希望把明泉地产工作室建成一个学术交流和研讨的平台,为上海房地产业的发展作出一份贡献。

王云(上海明泉房地产开发有限公司董事长)

2006 年 3 月

目 录

0 引 言

0.1 问题的由来

在以社会分工为基本特征的现代经济增长过程中，在某个特定的疆域（如国家或行政区域）之内，每一个产业的形成与兴衰既都显示了社会分工水平的变化，又都与国家经济或区域经济之间有着不同程度的关联。一方面，国家经济或区域经济的增长或衰退在根本上可以视作为所有产业增长或衰退的总和；另一方面，国家经济或区域经济的增长或衰退也会对每一个产业产生不同的影响。由此，产业成长与国家经济或区域经济成长之间的关系，也就一直是现代经济学所关注的一个重要领域。

迄今为止，现代产业结构理论的一个重要发现表明，在以市场为基础的社会分工体系中，每一个产业因其各自固有的特性和不同的市场容量所致，其成长不仅对社会总产出有着直接的贡献，而且通过不同程度的产业关联，每一个产业的成长还会导致整个产业结构的变化，间接引发社会总产出的进一步变化。就此开始，现代经济学界对产业成长与国家经济或区域经济之间关系的研究逐步形成了两大分支。其一是基于所谓"配第（William Petty）—克拉克（Colin Grant Clark）"定理的经济增长过程中的产业结构变迁学说，它以大量统计数据为依托，使用数据的时间序列纵向对比方法和同一时点的横向对比方法，通过归纳，在经验性研究层面上总结了产业之间资源配置构成和产业之间关联性的演化规律及其动因；其二是以里昂惕夫（Wassily Leotief）首创的投入产出分析方法为基础的所谓产业关联理论，它通过编制国家或行政性区域的投入产出表，揭示特定时期内产业之间的投入结构和产出结构，从而在统计意义上准确反映每一个产业的所谓产业关联程度和效应。

随着发展经济学的兴起和以日本为代表的部分后起国家产业政策的巨大成功,产业结构领域的应用性研究越来越倾向于所谓产业结构转换以及少数产业的优先发展对国家经济增长或区域经济增长的推动作用。也就是说:第一,一个经济落后的国家或区域如何通过政府的主动干预,促进以所谓产业升级为核心内容的产业结构转换,由此加快国家经济或区域经济的增长,从而最终成功摆脱经济落后的局面;第二,一个国家或行政区域如何通过政府的主动干预,有选择地扶持少数被冠以"支柱产业"或"主导产业"称谓的产业成长,借此直接和间接地加快国家经济或区域经济的增长。

2001年,在上海市政府发布的《上海市国民经济和社会发展第十个五年计划纲要》中,房地产业首度被列为上海经济增长的支柱产业。如徐匡迪在上海市十一届人大四次会议上所作的《关于上海市国民经济和社会发展第十个五年计划纲要(草案)的报告》中明确指出的那样,"十五"期间上海将"加快构筑新型产业体系。大力发展附加值高、关联带动大的信息、金融、商贸、汽车、成套设备、房地产六大支柱产业,使之成为上海经济持续增长的重要支撑;积极培育生物医药、新材料、环境保护、现代物流四大新兴产业;优化发展石化、钢铁两大基础产业;鼓励发展都市型产业;严格限制高能耗和有污染的产业,不断提高上海产业的能级和水平。"[①]

无独有偶,2003年8月,国务院在《关于促进房地产市场持续健康发展的通知》(即国务院18号文件)中,明确指出:"房地产业关联度高,带动力强,已经成为国民经济的支柱产业。促进房地产市场持续健康发展,是提高居民住房水平发展的有力措施;是充分发挥人力资源优势,扩大社会就业的有效途径。实现房地产市场持续健康发展,对于全面建设小康社会,加快改善居住质量,满足人民群众物质文化生活需要的基本要求;对促进消费,扩大内需,拉动投资增长,保持国民经济持续快速健康发展,推进社会主义现代化具有十分重要的意义。"

然而大量观察表明,最近半个世纪以来产业结构领域的学术或政策研究几乎都聚焦于生产部门,而对基础部门的关注则明显属于另一个研究范畴。具体来说,在如何通过扶持支柱产业和主导产业成长推动经济增长,以及在如何通过促进产业结构转换加快经济增长等方

---

①徐匡迪:《关于上海市国民经济和社会发展第十个五年计划纲要(草案)的报告》,《解放日报》,2001年2月14日。

面，绝大多数研究都是以生产部门为对象的。这类研究的基本立场是：所谓应由政府加以扶持的支柱产业和主导产业，似乎只能在生产部门中选择；同样，所谓产业结构转换的实质，似乎就是生产部门结构的升级。至于基础部门，作为为国民经济各类生产活动和居民社会生活及日常生活提供基础设施的部门，它对经济增长的影响固然重要，有关研究也非常广泛和深入，但似乎一直被排除在所谓支柱产业和主导产业选择以及促进产业结构转换的范围之外。也正因为如此，在我们所熟谙的众多研究成果和政策选择中，被作为支柱产业和主导产业的几乎都属于工业部门，并且大多数属于制造业部门，所谓产业结构转换事实上也常常被理解成制造业结构的升级和转换。

因此，当房地产业先后被列为上海市和我国的支柱产业之后，需要研究的问题也就随之而来。房地产业需要政府扶持么？房地产业适合列为支柱产业么？房地产业对经济增长的贡献究竟是什么？毕竟无论就理论还是就经验而言，似乎鲜有把房地产业作为政府扶持之下的旨在推动国家或区域经济增长的支柱产业的说法。也就是说，尽管作为政府的一项决策，把房地产业列为支柱产业必然有其合理性，更不会缺乏依据；但从学术研究的立场来看，既然房地产业鲜有作为支柱产业的例证，那么通过理论和经验性分析，揭示房地产业对经济增长的影响及其特点，当然也并不排除产生相关置疑的可能性，当不失为一项有价值的研究。不仅如此，通过对20世纪90年代以来中国和上海房地产业成长过程的实证分析，或许还可以进一步揭示房地产业作为一项重要产业对中国经济和上海经济所谓支柱效应的实质，并且也有可能提出对有关政策加以修正的必要。

0.2 本项研究的基本思路与内容

由房地产业被政府列为支柱产业之后所引发的一系列问题的实质，就是房地产业究竟有没有可能具备如主流产业结构理论所谓的支柱产业那样的增长效应？或者说，与纺织、钢铁、汽车、机械、电子、通信设备、化工等在历史上都曾经在有关国家位于支柱产业之列的制造业部门相比，属于基础部门的房地产业是否有可能取得类似的经济增长效应？

事实上，现代经济增长过程早已表明，基础部门不仅是国民经济和社会发展不可或缺的部门，更是国民经济整体效率的基础，而且经济与社会的发达程度越高，其对基础部门的依赖往往越大。因此从理论上来说，属于基础部门的产业同样存在着对经济增长作出较大贡献并成为支柱或是主导产业的可能性。就此而言，主流产业结构理论及其政策主张之所以一直试图在生产部门中找寻所谓支柱产业和主导产业，并且把生产部门的结构转换和升级看成是产业结构转换和升级的主要内容，原因似乎很难捉摸。

通过对产业结构学说历史演变的回顾，我们只能认为造成这一现象的原因主要来自于产业结构学说兴起的历史背景。由于产业结构学说兴起并形成于对工业化问题以及工业化与经济增长关系的研究，以致主流产业结构学说的基本框架、主要概念、大多数观点和政策主张，都似乎不知不觉地囿于工业经济的范畴。虽然它也意识到基础部门的重要性，但由于工业经济与基础部门经济之间存在着诸多特性上的差别，使得现有的主流产业结构理论和政策主张确实很少适合于基础部门。再加上任何经济理论都无法避免的所谓研究传统和惯性的影响，从而造成了如今当房地产业被政府不同寻常地确定为支柱产业之后，突然间在学术上有必要加以讨论的局面。

作为上海大学城市经营研究中心和上海大学房地产学院明泉地产工作室组织开展的一项研究，本项研究的基本思路，是在全面剖析房地产和房地产业诸多固有特性的基础上，结合对中国房地产业形成和发展历史的回顾，就房地产业对于经济增长的推动效应分别做出理论和经验性的初步判断。鉴于房地产市场空间的区域性特点，本项研究还将以上海为例，对房地产业与上海经济增长的关系，特别是对房地产业对上海经济增长的推动作用进行系统、深入的实证分析，得出合乎科学和国情的判断，并提出相应的政策建议。另外，考虑到本项研究成果是以年度报告的形式公开出版，因此本项研究还将涉及对2005年度上海房地产业发展最新进展的评述。

除引言部分之外，本项研究的成果共分为6章：

第1章作为年度报告的必要组成部分，对2005年上海房地产业的发展作了较为全面的评述，并就当年上海房地产业发展的有关特点做了初步的分析。

第2章以房地产及房地产业的基本性质与特征为题，从理论上较为系统地剖析了房地产及房地产业显著不同于生产部门特别是工业部门的诸多特性，并以中国房地产业为例，就其中部分特点进行了初步的讨论。

第3章以房地产业对经济增长的贡献为题，从理论角度，阐释房地产业对经济增长推动作用的可能表现和相关分析方法。同时，以中国为例，就有关分析方法做出进一步的说明。

第4章以上海房地产业的高速增长为题,在概要描述20世纪90年代以来上海房地产业高速成长历程的基础上,就期间上海房地产业高速成长的主要动因以及成长过程中所显示的基本特点作了较为系统的分析。

第5章以上海房地产业的支柱效应为题,从产业关联角度进一步揭示上海房地产业支柱效应的基本特征,并结合理论和经验分析,深入剖析这种支柱效应的实质所在。

第6章以房地产业与上海经济增长为题,运用多种计量经济学方法,从多角度对房地产业与上海经济增长之间的关系做了进一步的计量分析。在此基础上,就房地产业对未来上海经济增长的推动力以及需要关注的若干政策问题做了较为广泛的讨论。

1 2005年上海房地产业的回顾与评价

在上海房地业的成长历史中，2005年注定是一个极其特别的年份。一方面，2005年是"十五"计划的最后一年，也是房地产业首度被上海市政府列为五年计划的支柱产业的最后一年；在新近公布的"十一五"规划中，却又未再见有"支柱产业"的说法。因此，2005年似乎也极有可能是房地产业作为上海市政府明文确定的支柱产业的最后一年。另一方面，2005年还是中央和上海两级政府对所谓"房地产过热"问题的抑制力度显著增大的一年。在密集、严厉的政府干预之下，上海房地产业的高速扩张势头无疑已经明显放缓，房产价格也出现了一定幅度的下降，但整个上海房地产业是否已经实现着陆却还未能揭晓。

1.1 2005年上海房地产业的宏观调控

按照时下流行的说法，2005年无疑属于全国房地产业的政策调控年。①不过，2005年整个宏观经济却依然保持了较为稳定的快速增长，上海更是连续第14年保持了两位数增长。

1.1.1 2005年房地产业主要的全国性调控政策

从表面上看，本轮政府对房地产业的调控当始于2003年6月中国人民银行所发布的《关于进一步加强房地产信贷业务管理的通知》，但从调控政策的实际影响力来说，真正引发包括上海在内的国内大多数地区房地产业进入全面调整期的，当属2005年国务院及有关部门在较短时期内颁布的一系列调控措施。这些措施主要包括：

---

①本来，宏观调控实际上是政府一系列宏观经济政策的代名词。但目前，各界习惯把政府抑制经济过热的政策称之为宏观调控，如果是针对行业性的过热，便是所谓行业调控。

（1）《央行上调个人住房贷款利率公告》，人民银行于2005年3月16日颁布。主要内容是：自2005年3月17日起现行住房贷款优惠利率回归到同期贷款利率水平，利率水平实行下限管理，下限为相应期限贷款基准利率的0.9倍。对房地产价格上涨过快的城市或地区，个人住房贷款最低首付款比例可由现行的20%提高到30%。

（2）《关于住房公积金有关利率政策调整的通知》，人民银行于2005年3月16日发布。主要内容是：自3月17日起调高个人住房贷款利率，个人住房公积金贷款利率上调0.18个百分点。

（3）《关于切实稳定住房价格的通知》，国务院办公厅于2005年3月26日发布。在重申房地产业在国民经济中的支柱地位的同时，该通知要求：①高度重视稳定住房价格；②地方各级人民政府一定要从实践"三个代表"重要思想和落实科学发展观的高度，把稳定住房价格提到政府工作的重要议事日程，切实负起稳定住房价格的责任；③加大住房供应结构调整的力度，在控制非住宅和高价位商品住宅建设的基础上，着力增加普通商品住房、经济适用住房和廉租住房供给，提高其在市场供应中的比例；④严格控制被动性住房需求，2005年城镇房屋拆迁总量要控制在去年的水平之内；⑤要综合采取土地、财税、金融等相关政策措施，利用舆论工具和法律手段，正确引导居民住房消费，控制不合理需求；⑥全面监测房地产市场运行；⑦积极贯彻调控住房供求的各项政策措施；⑧认真组织对稳定住房价格工作的督促检查。

（4）国务院办公厅转发建设部、国家发改委、财政部、国土资源部、人民银行、税务总局、银监会等七部门《关于做好稳定住房价格工作意见的通知》，2005年5月11日发布。该通知要求，各地区、各部门要把解决房地产投资规模过大、价格上涨幅度过快等问题，作为当前加强宏观调控的一项重要任务；坚持积极稳妥、把握力度，突出重点、区别对待，因地制宜、分类指导，强化法治、加强监管的原则；加强领导、密切配合，认真贯彻落实国务院各项调控政策措施，做好供需双向调节，遏制投机性炒房，控制投资性购房，鼓励普通商品住房和经济适用住房建设，合理引导住房消费，促进住房价格的基本稳定和房地产业的健康发展。而上述七部委所提出的意见则主要有八项，包括：①强化规划调控，改善住房供应结构；②加大土地供应调控力度，严格土地管理；③调整住房转让环节营业税政策，严格税收征管；④加强房地产信贷管理，防范金融风险；⑤

明确享受优惠政策普通住房标准，合理引导住房建设与消费；⑥加强经济适用住房建设，完善廉租住房制度；⑦切实整顿和规范市场秩序，严肃查处违法违规销售行为；⑧加强市场监测，完善市场信息披露制度。

（5）《关于加强房地产税收管理的通知》，税务总局、财政部、建设部于2005年5月27日发布。该通知规定：① 2005年5月31日以前，各地要根据国办发[2005]26号文件规定，公布本地区享受优惠政策的普通住房标准。② 2005年6月1日后，个人将购买不足2年的住房对外销售的，应全额征收营业税。③ 2005年6月1日后，个人将购买超过2年（含2年）的符合当地公布的普通住房标准的住房对外销售，应申请办理免征营业税手续。地方税务部门应根据当地公布的普通住房标准，对纳税人申请免税的有关材料进行审核，凡符合规定条件的，给予免征营业税。④ 2005年6月1日后，个人将购买超过2年（含2年）的住房对外销售不能提供属于普通住房的证明材料或经审核不符合规定条件的，一律按非普通住房的有关营业税政策征收营业税。

从理论上来说，上述政策内容其实主要还是中性的，似乎并无过于严厉之处。但鉴于政府作为土地使用权实际的供应者和经济适用房建设的策划组织者这一特定角色，同时1998年以来我国政府实际上对房地产业又一直持鼓励的态度，因此我们认为，国务院及有关部门在短短三个月内相继颁布了上述调控政策，可以视作对房地产市场的迅即而严厉的干预。与2003年6月起的有关房地产调控措施相比，这些政策措施显然并不属于政策上的所谓自然衔接，也不属于所谓反周期政策思想中那种从较为温和的干预向较为严厉干预的过渡。尽管这些政策措施在理论上仍然属于中短期政策，其目的主要在于抑制房地产市场过热的倾向，打压上涨过快的房地产价格，但从其所反映的政策立场来看，上述这些政策措施的密集出台，实际上意味着1998年以来国家鼓励和扶持房地产业发展的基本立场的终结。如果再结合2004年颁布的有关政策来看，如《经济适用住房管理办法》（建设部、国家发改委、国土资源部和人民银行颁布）、《商业银行房地产贷款管理指引》（银监会颁布）等，那么2005年3～5月间国务院和有关部门密集发布的这些政策措施同时还表明了国家对房地产业的政策事实上已经全面转向了中性的立场。

从国内外的历史经验来看，这种近乎突然并且力度显著增大的政策干预，对任何一个地区房地产业的发展来说，必然会引发一系列的挑战与问题。首先，在政策颁布之后，房地产市场的供给与需求自然会由此而发生调整，并不难达到政策的预期效果。其次，由于房地产存在着众多的固有属性，如位置的固定性、长生产周期、不可移动性、高资本价值以及兼具投资和消费双重功能等，加之因信息不对称和非理性投机等因素，以致那些在上述政策颁布之前所已经进行的投资、开发和消费活动，又很容易陷入极大的被动甚至混乱局面。这样，后续政策的选择和应对显然也将面临不容回避的挑战。第三，由房地产市场的区域性所致，同一时期内不同地区房地产市场的差别又将对中央政府统一部署之下的地方政府的具体政策实践造成极大的考验。特别是在我国各地区经济发展水平、城市化水平和人民生活水平差别较大的条件下，如何根据本地区房地产市场的具体情况，有效贯彻有关调控措施，显然需要极高的政策智慧。

1.1.2 2005年上海市政府为调控房地产业所作的努力

除了贯彻中央发布的房地产调控政策措施之外，2005年上海市政府对房地产业的调控政策主要有二：

（1）2005年3月5日，上海市政府发布了《关于当前加强房地产市场调控、促进房地产市场持续健康发展的若干意见》。主要内容包括：①统一思想认识，明确调控目标。本市房地产业在适应经济发展和对内对外开放需要的同时，必须坚持"以居住为主、以市民消费为主、以普通商品住房为主"的原则，区别对待、分类指导，综合运用财税、金融、法律、行政等多种手段，增加面向工薪家庭的中低价普通商品住房的供应，满足消费，完善保障。同时，进一步规范投资，抑制投机，依法整顿各种扰乱房地产市场秩序的行为。2005年，要继续保持房地产市场基本稳定，努力实现供求总量基本平衡，并力争做到供略大于求；扩大普通商品住房供应量，进一步优化供应结构；使商品住房价格涨幅进一步下降。②调整供应结构，完善供应政策。增加以配套商品房为主的中低价普通商品住房供应，提高其在市场供应中的比例，供应总量努力达到65%。③完善配套商品房供应政策。在优先保证轨道交通、世博园区等重大工程，市政府认定的旧区改造重点项目动迁房源需求的前提下，稳步扩大配套商品房销售对象，使本市符合一定条件的中低收入住房困难家庭也能够购买。完善配套商品房定价机制，采取"控制地价，控制房价，以方案竞标为主"的项目招标办法，向社会公开招标，根据成本加微利的原则确定房价。④调整中低收入家庭享受购房贷款贴息政策。2005年，贴息政策中的房价标准调整为：购买的商品住房每平方米单价，由原来规定的不超过 3 500 元调整为不超过 4 500 元；购买的二手房总价，由原来规定的不超过 25 万元调整为不超过 33 万元。⑤加强市场监管和监测，规范房地产市场秩序。⑥完善廉租住房制度。强化政府住房保障职能，进一步扩大廉租住房覆盖面。到 2005 年底，廉租住房受益家庭从上年底的 1.35 万户扩大到 1.8 万户，切实保障城镇最低收入家庭的基本住房需求。⑦建立房屋租赁新机制。根据先点后面、市和区县两级政府合理分担的原则，对动迁中经济困难的本市居民家庭，开展以优惠租金出租住房的试点，逐步建立面向低收入家庭的房屋租赁新机制。⑧继续实行公有住房租赁和出售优惠政策。⑨加快旧住房改造。加强对平改坡综合改造、平改坡以及旧小区综合整治的协调和指导，加大改造力度，进一步改善市民的居住环境和居住质量。2005 年，完成 40 个小区的综合平改坡改造。同时，整修房屋 800 万～1 000 万 m²。

(2) 2005 年 6 月 8 日，上海市政府发布了《关于贯彻〈国务院办公厅转发建设部等部门关于做好稳定住房价格工作意见的通知〉的通知》。主要内容包括：①严格城市规划调控，优化住房供应结构，并加快配套商品房和中低价普通商品住房的建设和上市进度。②加大土地供应调控力度，进一步严格土地管理。③严格税收征管，加大税收调控力度。个人将购买不足 2 年的住房转手交易的，全额征收营业税；个人将购买超过 2 年（含 2 年）的非普通住房转手交易的，按售房收入减去购买房屋的价格款后的差额征收营业税。同时，对购买非普通住房的，按 3% 税率征收契税。④加强信贷管理，抑制投机性购房。⑤大力发展省地型住房，合理引导住房建设与消费。本市已按照国办发 [2005] 26 号文件的要求，结合本市实际，制定了享受优惠政策的普通住房标准，并于 5 月 31 日向社会发布，6 月 1 日起执行。即凡同时满足以下条件的为可以享受优惠政策的普通住房：住宅小区建筑容积率在 1.0 以上，单套建筑面积在 140 m² 以下，实际成交价格低于同级别土地上住房平均交易价格 1.44 倍以下。本市将每半年向社会公布一次同级别土地住房平均交易价格。⑥完善住房保障体系，强化政府保障职能。⑦严厉打击违法违规行为，整顿房地产市场秩序。⑧加强市场监测，提高市场透明度。

另外，上海市有关部门也推出了进一步的相关措施。主要有：①上海市银行同业公会于 2005 年 3 月 28 日发布《关于进一步加强个人住房贷款管理的指引》，确定对同一借款人第二套贷款购房的首付款比例提高，对同一借款人申请第三套及以上贷款的，大幅度提高首付款比例并实行贷款利率上浮。②上海市房地局于 2005 年 4 月 15 日出台新政策，进一步放宽了配套商品房和中低价普通商品房的预售标准。该项政策允许配套商品房和中低价普通商品房在完成拆迁、开始打桩以后，便可办理预售许可证。③ 2005 年 5 月，上海市政府又推出了所谓"两个 1 000 万"项目，即年内新开工配套商品房 1 000 万 m² 和中低价普通商品房 1 000 万 m²。

1.2 2005 年上海房地产业的发展及特点

在政府的严厉调控之下，2005 年上海房地产业自然不可能再继续保持高速增长的势头。房地产业既是 2005 年上海经济各主要部门中少数几个出现较大幅度波动的产业，也直接导致了当年上海 GDP 增长速度的明显放缓。

1.2.1 2005 年上海房地产业的发展概述

2005 年上海市政府全面落实国家宏观调控政策，促进了房地产业持续健康发展。不过，与 2004 年相比，上海房地产业的大多数经济指标出现了不同程度的下降。据最新公布的《2005 年上海市国民经济和社会发展统计公报》披露，2005 年全年实现房地产业增加值 670.23 亿元，比上年下降 4.1%，房地产市场保持基本稳定；全年完成房地产开发投资额 1 246.86 亿元，比上年增长 6.1%；商品房施工面积 10 462.39 万 m²，比上年增长 10.3%；竣工面积 3 095.74 万 m²，比上年下降 10.1%；销售面积 3 158.87 万 m²，比上年下降 9.5%，其中商品住宅销售面积 2 845.7 万 m²，比上年下降 12%；全年商品房销售额 2 161.3 亿元，比上年下降 4.5%，其中商品住宅销售额 1 906.05 亿元，下降 7.7%；全年存量房成交过户面积 1 971.55 亿元，比上年下降 27.7%（参见图 1-1）。

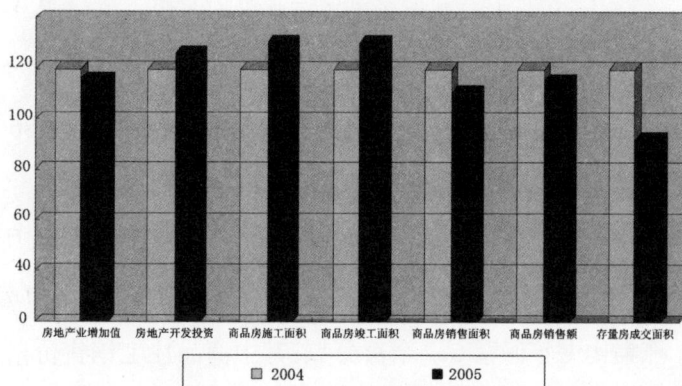

图 1-1　2005 年上海房地产业主要经济指标增长指数（以 2004 年为 100）

与此同时，2005年全市金融机构贷款余额16 798.12亿元，比上年增加1 785.93亿元；个人消费贷款余额2 814.16亿元，比上年增加141.5亿元，其中住房按揭贷款余额2 644.94亿元，比上年增加199.4亿元；年末住房按揭贷款余额占全市金融机构贷款余额的比重，也由2004年的16.3%降至15.7%。

值得关注的是，2005年上海居民的居住水平则继续保持了稳步提高的势头。据统计，2005年全市完成住宅建设投资929.73亿元，比上年增长1.7%。建成为住宅配套的公共服务设施面积264.4万 m²。旧区改造突出重点，动拆迁保持合理规模。全年拆除住宅建筑面积851.85万 m²，比上年增长91.1%；动迁居民7.45万户，增长34.5%，其中世博园区完成居民动迁1.79万户，总签约率达到96.9%。至年末，城镇居民人均住房使用面积21.3m²，比上年年末增加0.9m²；人均住房居住面积15.5m²，比上年年末增加0.7m²（参见图1-2）。居民住宅成套率达到93%。

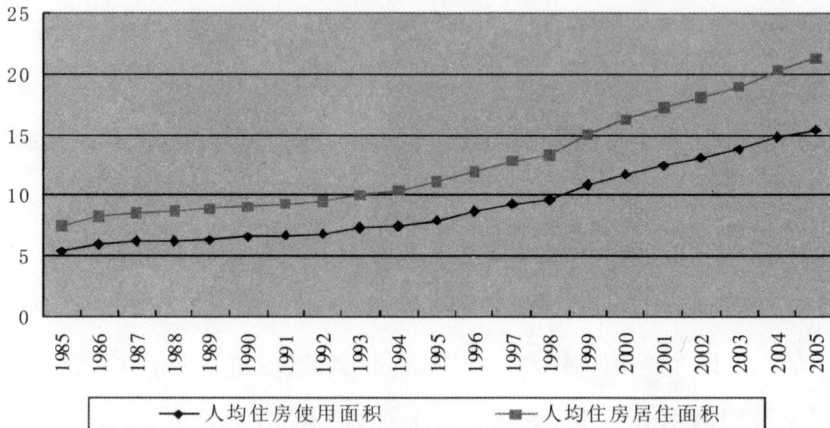

图1-2　上海城镇居民居住水平的演变（m²／人）

2005年上海住房保障体系也进一步完善，廉租住房制度受益面扩大。至年末，享受廉租住房政策的家庭达到18074户。另外，年内完成平改坡综合改造386万 m²，完成旧住房综合整治1550万 m²，使41.3万户家庭的居住条件得到进一步改善。

至于众人关注的上海房地产价格水平，在2005年也出现了如人所料的涨幅回落。据《2005年上海市国民经济和社会发展统计公报》显示，2005年上海市房屋销售价格水平比上年上涨9.7%，涨幅比上年回落6.2个百分点；其中商品住宅销售价格水平上涨9.2%，涨幅比上年回落6.6个百分点；全年房屋租赁价格水平上涨3.6%，涨幅比上年回落1.9个百分点；全年土地交易价格水平比上年上涨 6.9%，涨幅比上年回落 13.4 个百分点（参见图 1-3）。

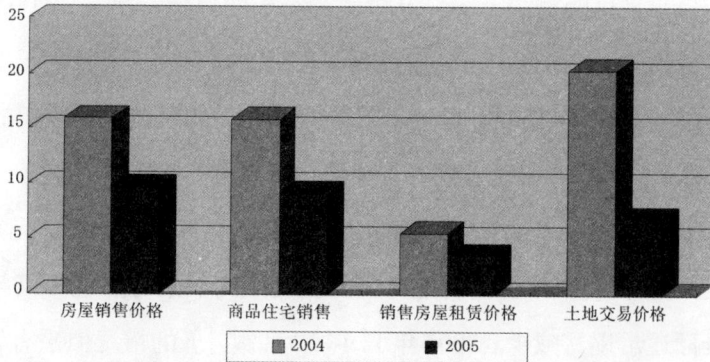

图 1-3 2004 年和 2005 年上海房地产主要价格指标增长率（%）

1.2.2 2005 年上海房地产市场的若干特点

如上所述，2005 年上海房地产业发生了自 1991 年以来的首次负增长，这不能不说是一个值得高度关注的信号。但如果就此断言上海房地产业将步入衰退阶段似乎还为时过早，这主要是因为 2005 年上海房地产业的演变主要是政府较为严厉且密集的政策调控的结果，就目前而言还只能说是短期现象，2005 年上海房地产业所显露出的一些变化还不足以成为判断整个产业的中长期发展趋势的理由。

从目前已经公布的统计数据来看，2005 年上海房地产业出现了一些新的特点，主要表现在：

（1）房地产开发投资额在小幅增长的同时，投资额月度波动的轨迹与以往存在明显差异

据统计，2005 年上海房地产开发投资总额为 1 246.86 亿元，比 2004 年增长了 6.1%，增长率比 2004 年（30.4%）回落了 24.3 个百分点。房地产开发投资占全市固定资产投资总额的比重，也由 2004 年的 38.1% 降至 2005 年的 35.2%。显然，上海房地产开发投资高速增长的势头受到了有效的抑制（参见表 1-1）。

但是进一步观察表明，2005 年上海房地产开发投资的具体月进度变化似乎有着与以往较多的不同。众所周知，在市场经济条件下，不同区域房地产业的成长不仅存在周期性，而且在每一年中，房地产开发投资的规模也往往呈现出各自的季节性特点。只有发生较大力度的政府干预（包括政策鼓励或抑制）之后，这种较有规律的季节性变动才会出现扭转。如图

1-4所示，2003年3~12月与2004年同期相比，除了2004年12月之外，其余月份上海房地产开发投资规模的波动轨迹无疑是较为相似的。进入2005年之后，多数月份上海房地产开发投资规模的走势呈现出明显的不同。其中较为突出的包括：第一，2005年3~12月全市房地产开发投资额均在100亿元以上，而2004年同期则只有7个月高于100亿元，这对属于"政策调控年"的2005年来说，显然不是一般意义上的所谓投资增长的惯性所能解释的。第二，在当年3~6月中央和地方政府密集出台一系列严厉的抑制政策之后，虽然7~12月的房地产开发投资额累计（663.93亿元）比2004年同期（672.69亿元）略有减少，但除了7月和10月之外，仍有4个月的房地产开发投资额高于上月，这不仅与以往下半年上海房地产开发投资额通常逐月减少（2004年11和12月例外）的情况似乎有较大差别，而且其走势似乎还表明开发商对于政府宏观调控的反应较为温和。

2003~2005年上海房地产开发投资额的变化（单位：亿元）　　　　表1-1

2003年	全社会固定资产投资	房地产开发投资	2004年	全社会固定资产投资	房地产开发投资	2005年	全社会固定资产投资	房地产开发投资
1月	—	—	1月	—	—	1月	153.69	64.32
2月	—	—	2月	—	—	2月	170.99	67.36
3月	212.54	76.67	3月	240.00	81.00	3月	298.08	104.98
4月	266.42	100.82	4月	318.00	111.00	4月	358.90	110.00
5月	244.01	91.78	5月	285.95	100.12	5月	288.88	107.62
6月	233.76	85.05	6月	292.23	103.20	6月	337.05	126.66
7月	291.65	109.84	7月	374.81	117.67	7月	345.15	114.36
8月	215.07	87.69	8月	266.13	122.83	8月	329.65	119.15
9月	220.86	87.63	9月	275.35	105.59	9月	397.35	125.87
10月	240.81	66.81	10月	275.30	86.58	10月	301.26	100.04
11月	191.73	65.38	11月	214.21	90.04	11月	260.78	100.60
12月	183.21	66.46	12月	282.63	149.98	12月	300.78	105.91
累计	2 452.11	901.24	累计	3 084.66	1 175.46	累计	3 542.55	1 246.86

资料来源：上海市统计局网站。需要说明的是，该网站未发布2003年1~2月和2004年1~2月的相关数据。

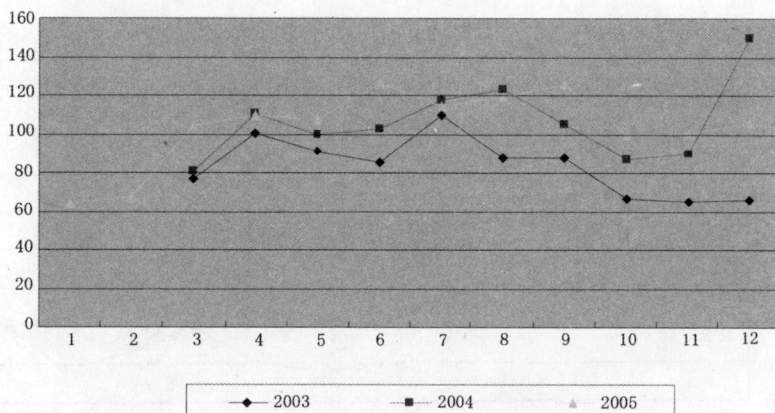

图 1-4　2003~2005 年上海房地产开发投资额的月度变化（亿元）

（2）住宅销售的月度波动也与以往有着显著差异

据统计，2005 年全市商品住宅销售面积为 2 845.70 万 m²，销售额为 1 906.05 亿元，分别比 2004 年减少了 12.0% 和 7.7%。从表面上看，2004 年上海商品住宅市场高速扩张的势头似乎已经显著回落。但对 2005 年各月度商品住宅销售情况的进一步分析却得出若干不同以往甚至是出乎意料的特点（参见图 1-5 和 1-6①），主要有：

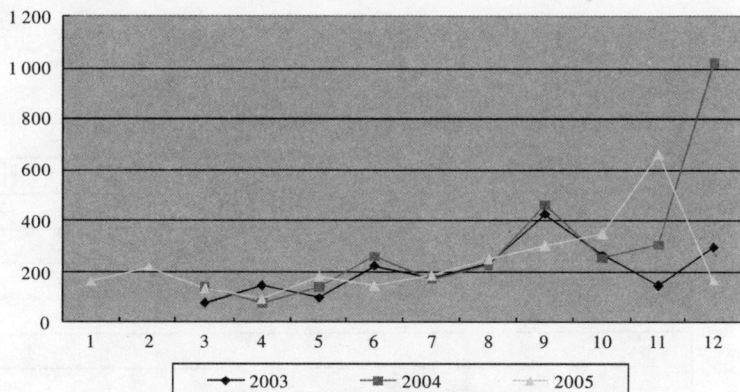

图 1-5　2003~2005 年上海商品住宅销售面积的月度变化（万 m²）

第一，从 2005 年 6 月之后，上海商品住宅销售面积和销售额逐月上升，直到 12 月才急剧下降。其中，7、8、10 和 11 月的销售面积和销售额更是不同程度地高于 2004 年同期水平。另外，2005 年 12 月商品住宅的销售面积和销售额则呈"高台跳水"之势，与 2004 年同期的急剧增加形成了鲜明对比。

①图 1-5 和 1-6 的数据来源均系上海市统计局网站。同表 1-1 一样，该网站并未公布 2003 年 1~2 月和 2004 年 1~2 月的相关数据。

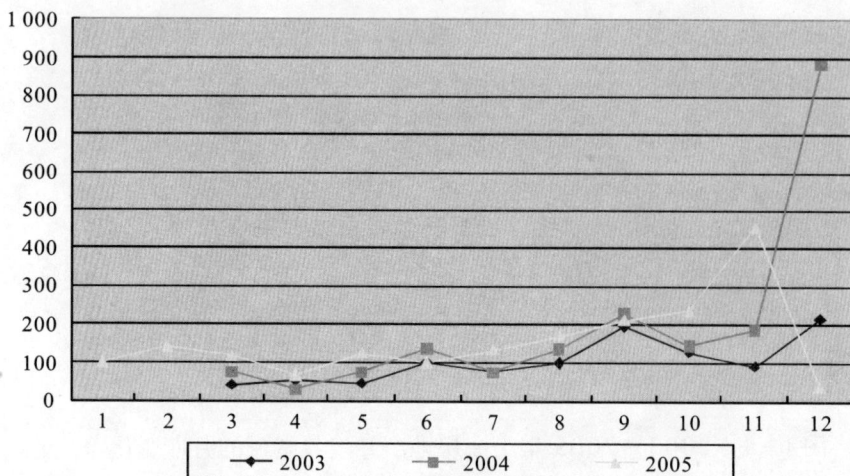

图 1-6　2003~2005 年上海商品住宅销售额的月度变化（亿元）

　　第二，与房地产开发投资额的波动相比，2005 年上海商品住宅销售面积和销售额的月度变化轨迹与以往同期的相似程度显得较高，这似乎反映了供需两方面对市场前景看法的不一。

　　（3）房地产价格下降明显

　　如图 1-7 所示，2005 年上海每月住宅均价发生了较明显的下跌。与年初相比，年末住宅均价下降了约 30%。毫无疑问，有关宏观调控措施已经收到了明显的成效。

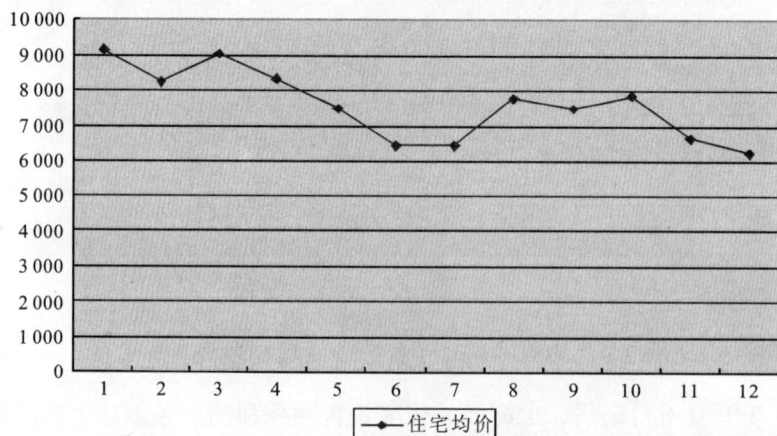

图 1-7　2005 年上海房地产月度均价的变化

1.3　2005 年房地产业与上海经济的相互影响

　　众所周知，在国民经济各行业中，房地产业是少数几个与宏观经济形势的关联最为密切的产业之一。一方面，不仅政府的宏观经济政策会对房地产业产生较大的影响，而且宏观经济增长的波动也直接影响着房地产业的增长波动；另一方面，房地产业的负增长自然也会影响到经济增长水平。

1.3.1　上海房地产业所面临的宏观经济形势

根据《2005年上海市国民经济和社会发展统计公报》，2005年上海经济继续保持了平稳较快增长的势头。全年实现上海市生产总值（GDP）9 143.95亿元，按可比价格计算，比上年增长11.1%，自1992年以来已连续第14年保持两位数增长。其中，全年第一产业增加值79.65亿元，比上年下降9.7%；第二产业增加值4 475.92亿元，比上年增长12.1%，但工业企业经济效益下滑，全年工业企业实现利润总额939.56亿元，比上年下降10.8%；第三产业增加值4 588.38亿元，增长10.5%，第三产业增加值占全市生产总值的比重为50.2%。

不过，进一步观察得知，2005年上海主要经济增长指标比2004年均有了一定程度的回落（参见表1-2和图1-8），似乎有经济紧缩的迹象。其中，GDP增长率比上年回落了2.5个百分点，第一、第二和第三产业的增加值的增长率则分别比上年回落了4.7、2.8和2.4个百分点。从20世纪90年代以来上海经济的持续高速增长过程中，GDP增长率如此较大幅度的回落只在1998年出现过一次（由上年的12.7%回落至当年的10.1%）。但1998年是1993年开始的上海GDP增长率逐年回落的最后一年，1999年起上海的GDP增长率又逐步回升至2004年的13.6%。故从经济增长周期性波动的角度来看，2005年上海GDP增长速度较大幅度的回落有很大可能意味着一个新的经济紧缩阶段的来临。倘若如此，按照上海经济增长周期性波动的规律，下一次增长高峰似乎还要待4～5年（即2010年左右）。①

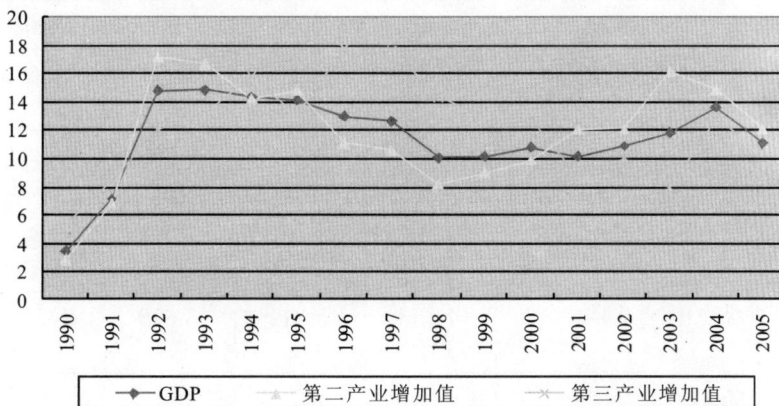

图1-8　"十五"时期上海GDP及第二、第三产业增加值增长率（%）

---

①有关上海经济增长周期性波动的特点及与房地产业的关联问题，将在第6章中详细论述。

"十五"时期上海主要经济增长指标

表1-2

	2001	2002	2003	2004	2005
GDP（亿元）	4 950.84	5 408.76	6 250.81	7 450.27	9 143.95
GDP增长率（%）	10.2	10.9	11.8	13.6	11.1
第一产业增加值（亿元）	85.50	88.24	92.98	96.71	79.65
第一产业增加值增长率（%）	3.0	3.0	2.3	-5.0	-9.7
第一产业在GDP中的比重（%）	1.7	1.6	1.5	1.3	0.9
第二产业增加值（亿元）	2 355.53	2 564.69	3 130.72	3 788.22	4 475.92
第二产业增加值增长率（%）	12.0	12.1	16.1	14.9	12.1
第二产业在GDP中的比重（%）	47.6	47.4	50.1	50.8	48.9
第三产业增加值（亿元）	2 509.81	2 755.83	3 027.11	3 565.34	4 588.38
第三产业增加值增长率（%）	8.7	10.0	8.0	12.9	10.5
第三产业在GDP中的比重（%）	50.7	51.0	48.4	47.9	50.2

注：上表增加值及比重指标均为按当年价格计算，增长率按可比价格计算。
资料来源：《上海统计年鉴（2005）》及《2005年上海市国民经济和社会发展统计公报》。

另外，2005年上海多数投资和消费指标的增长速度也不同程度地有所放缓（参见表1-3）。其中，固定资产投资总额为3 542.55亿元，比上年增长14.8%，但增长率却比上年回落了11.0个百分点。在居民生活的各项指标中，2005年上海城市和农村居民的收入和消费情况则截然相反。农村居民家庭人均可支配收入、人均消费支出的增幅都高于2004年，但城市居民家庭人均可支配收入和人均消费支出的增幅却不同程度地低于2004年。

"十五"时期上海主要投资和消费指标

表1-3

	2001	2002	2003	2004	2005
城市居民家庭人均年可支配收入（元）	12 283	13 250	14 867	16 683	18 645
增长率（%）	9.9	7.9	12.2	12.2	11.8
农村居民家庭人均年可支配收入（元）	5 850	6 212	6 658	7 337	8 342
增长率（%）	5.1	6.2	7.2	10.2	10.7
城市居民人均消费支出（元）	9 336	10 464	11 040	12 631	3 084.66
增长率（%）	5.3	12.1	5.5	14.4	25.8
农村居民人均消费支出（元）	4 753	5 311	5 670	6 329	7 265
增长率（%）	14.9	11.8	6.8	11.6	14.8
固定资产投资（亿元）	1 994.73	2 187.06	2 452.11	3 084.66	3 542.55
增长率（%）	6.7	9.6	12.1	25.8	14.8

资料来源：《上海统计年鉴（2005）》及《2005年上海市国民经济和社会发展统计公报》。

需要特别指出的是，在上海经济出现相对紧缩迹象的同时，2005年全国宏观经济形势则相对景气一些，至少未显示出进入经济紧缩阶段的迹象。据最新披露的统计数据显示，2005年全国GDP为182 321亿元，按可比价格计算，比上年增长9.9%，略低于上年10.1%的增长速度。分季度看，四个季度的国内生产总值分别增长9.9%、10.1%、9.8%和9.9%，比较平稳。同时，工业生产保持平稳较快增长，全年工业增加值76 190亿元，比上年增长11.4%。其中，规模以上工业企业完成工业增加值66 425亿元，比上年增长16.4%，增速比上年回落0.3个百分点。全年规模以上工业企业实现利润14 362亿元，比上年增长22.6%。另外，2005年全国固定资产投资在结构调整中保持了较快增长。全年全社会固定资产投资达到88 604亿元，比上年增长25.7%，增幅仅比上年回落0.9个百分点。[①]

1.3.2　2005年房地产业经济负增长对上海经济的影响

作为"十五"计划中明确规定的上海六大支柱产业之一，房地产业增加值却在"十五"计划的最后一年发生了负增长，这似乎并不算是个完满的结果。不仅如此，虽然如表1—2所示，迄今我们并无充分证据表明2005年房地产业的负增长是直接导致当年全市GDP增幅回落的首要原因，但其负面影响肯定是较为重大的。

如表1—4所示，2001～2004年，上海房地产业在全市GDP中所占比重逐步提升，并且房地产业对上海GDP增长的贡献率也一直保持在10%以上。但2005年，房地产业对全市GDP增长的贡献率为－3.2%，其在全市GDP中的比重也降为7.3%。如果我们假定2005年上海房地产业的增长率与"十五"前四年增长率最低的2003年相同（14.1%），并且其他产业增加值保持原有水平的话，那么按可比价格计算，2005年全市GDP将增长12.6%。也就是说，若以2003年上海房地产业增加值的增长率为参照，则2005年上海房地产业的负增长直接导致了全市GDP增长率下滑1.5个百分点。如果我们以2001～2004年上海房地产业增加值的平均增长率（17.5%）为参照，那么2005年上海房地产业的负增长直接导致了全市GDP增长率下滑1.8个百分点。

---

① 李德水：《2005年国民经济继续保持平稳较快发展》，国家统计局网站。

"十五"期间房地产业在上海 GDP 中的比重及对全市 GDP 增长的贡献率（%）　表 1-4

	2001	2002	2003	2004	2005
房地产业在全市GDP中的比重	6.4	6.9	7.4	8.4	7.3
房地产业对全市GDP增长的贡献率	16.3	12.4	10.7	13.2	-3.2

资料来源：《上海统计年鉴（2005）》及《2005 年上海市国民经济和社会发展统计公报》。

2　房地产业的基本性质与特征

按照目前通行的说法，房地产业是指从事房地产开发、建设、经营、租赁及维修等活动的集合。不过，作为房地产业所经营的主要产品，房地产本身有着诸多在其他多数采用同一方法分类的产业中较为少见的特性，特别是与绝大多数工业产品有着极大的差别。因此，对房地产业基本特性的审视，无疑有必要从剖析房地产的基本特性开始。不仅如此，由于我国房地产业长期实行计划经济体制，直到20世纪90年代初才开始全面逐步转入市场化进程，并且至今我国房地产业的市场化仍处于不断深化之中。因此，与理论和国际经验所显示的房地产业的特性相比，由体制转轨和过渡所致，我国房地产业无疑还有着一些不同之处。

2.1　房地产的基本特性

房地产包括土地及地上定着物和同地上利用物相联系的地下改良物（参见图2-1），同

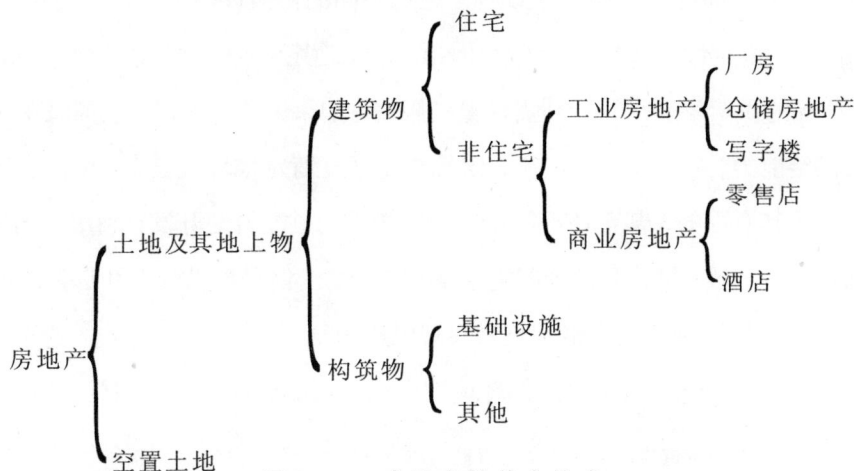

图2-1　房地产的基本构成

21

时还包括以上组成部分所衍生的各种权利。对房地产的开发、建设、经营、租赁和维修活动，构成了房地产业的主要活动。

2.1.1 房地产的位置固定性与异质性

从理论上来说，房地产作为可供开发、生产、出售、租赁和维修的商品，其实是独一无二的，它不像与大多数特质产品的生产、消费服务那样，可以被多次甚至是大量重复制造和交易。造成房地产这一特性的主要原因，在于其位置固定性与异质性。

（1）房地产位置的固定性

房地产位置的固定性，是指土地作为立体空间的完整意义，它是不可移动的；同时，房屋的基础牢固埋置于土地之中，从而使得建筑物与其坐落的土地紧密结合，因而房屋通常也是不可移动的。[①]因此房地产亦常常被称为不动产。

在现代市场经济条件下，房地产位置的固定性对房地产各种形式的交易自然会产生相应的重要影响。主要表现在：

首先，固定的位置导致不同位置的房地产价值不同。众所周知，特定地理位置的气候（温度、湿度和日照等）、交通条件、周边环境、景观以及与其他地方（如城市中心）的距离等往往是影响处于该特定地理位置房地产价值的重要因素。对于同一类顾客来说，拥有或使用不同地理位置的房地产所能够产生的效用自然也就不同，从而造成不同位置房地产的价值差别。不仅如此，由于房地产的使用功能多样，因此对于不同类别的顾客来说，不同位置房地产的价值既有区别，又存在着多种评价体系。例如，对同一块土地来说，居住、建设厂房或开设商业设施等不同的用途便会导致对该土地不同的价值评价。

其次，位置的固定性导致特定房地产供给的有限性甚至唯一性。对于绝大多数工业产品来说，同一产品的供给量通常只受到需求量的限制，如果供给量不足，厂商完全可以通过多种途径扩大供给能力。但房地产的位置固定性决定了在特定地理位置上，可供生产和交易的房地产数量是极其有限的，甚至还可能只有一个单位，只能就地开发、利用或消费。如在某个特定的商业中心地段，尽管对商铺的需求量往往很大，但是可供开发和选择的商铺数量却常常少得可怜，结果只能通过价格调整来实现供需平衡。

第三，位置的固定性导致部分外部环境因素成为影响房地产价值和竞争力的重要因素。

[①]在此我们不讨论由技术进步所造成的个别房地产的可移动问题，如上海大剧院和上海音乐厅的移动等。

在大多数产业中，如果企业某些外部环境因素（如自然条件、基础设施、人口流动、交易费用等）不利于产品生产经营时，那么企业完全可以采取搬迁的方式选择合适的地理位置继续经营，从而确保其产品的价值和竞争力。但由位置固定性的影响，特定房地产却根本无法摆脱有关外部环境因素的变化对自身价值和竞争力的影响。

（2）房地产的异质性

一般而言，在绝大多数产业中，同一产品完全可以批量生产。这样，对于所有此类产品来说，彼此之间无疑是同质的。不仅如此，产品差别化(product differentiation，亦译作产品差异性)理论和不完全竞争理论也早已表明，尽管同一产业中不同企业生产的同类产品之间存在着不同程度的产品差别（如性能、质量、规格、品牌等），但是它们彼此之间仍然存在着较高程度的可替代性，从而使得产品差别化条件下较为充分的市场竞争成为可能。

但是房地产恰恰例外。由于位置的固定性，即使在建筑设计、结构及内外装饰上没有差别，事实上也根本不存在完全同质的房地产单位。例如处在同一社区同一单元的两套房屋，南北朝向和所处楼层都是构成房屋产品差异性的因素。再如两个相邻的商业房产无论如何相似，位置的固定性便使它们之间至少存在着空间上的些许差别。这样，对于某个房地产单位来说，既不存在与其完全同质的其他单位，又不存在与其完全同质的其他厂商提供的房地产单位。

房地产的异质性对于房地产市场的影响是显而易见的，其主要表现便是整个房地产市场上极高程度的产品差别化。无论理论还是经验都早已表明，一个产品差别化程度极高的市场必然是竞争程度较低的市场，自然有很大可能发生较高程度的垄断。不仅如此，在产品异质性和位置固定性的共同作用下，土地供给常常成为决定房地产市场竞争或者垄断程度的重要因素。如前文所述，由于位置的固定性和异质性，每一特定地理位置的房地产的价值会有所区别。一般而言，在房地产市场空间通常只是一个较小区域的条件下，如果开发商拥有了该区域内较大面积的土地，那就很可能形成较大的市场力量，甚至处于市场垄断地位。如果某个开发商拥有了某个区域内一半以上的居住用地，那么其无疑会对该区域内的住宅市场拥有显著的影响力；同样，如果某个开发商获得了某个工业开发区的全部土地，那么即使存在其他开发区的竞争，也同样会造成同一区域内工业用地市场的竞争程度降低。这样，土地供给的方式、规模和制度也就成了决定房地产市场竞争程度高低的重要因素。因此，在土地国有的条件下，政府的土地供给政策也就往往会直接影响到房地产市场的有效竞争。

2.1.2 房地产的长生命周期与高资本价值

作为固定资产，房地产同样具有使用寿命较长和资本价值较高的特性。不过，与机器设备等固定资产相比，房地产的这两个特性显得尤为突出。

（1）长生命周期

除了不可抗力的破坏以及人为的改造之外，土地作为建筑承载体的使用寿命应当说是极其漫长的，甚至可以说是永久性的。不过，在推行土地所有权与使用权分离的制度中，土地使用权显然是有期限的。例如在我国，实行土地公有制，城市规划区范围内的土地所有权归国家所有。通过政府出让方式的土地使用权都有明确的出让使用最高年限。根据有关规定，土地使用权出让的最高年限，居住用地为70年，工业用地为50年，教育、科技、文化、体育用地为50年，商业、旅游、娱乐用地为40年，综合或其他用地为50年。以出让方式取得土地使用权的，转让房地产之后，其土地使用年限为原土地使用权出让合同约定的使用年限减去原土地使用者已经使用年限后的剩余年限。土地使用权出让合同约定的使用年限届满，续期的到续期届满，土地使用权由国家无偿收回。

相对于土地而言，房产的生命周期则要短得多。当然，与大多数机器设备相比，房产的生命周期还是比较长的。在大多数国家，出于安全和其他利用方面的考虑，政府往往通过立法规定了各类房产的使用年限。根据我国政府的有关规定，各类房产的使用年限如表2-1所示。

我国房屋使用年限（单位：年）　　　　　　　　　　　表2-1

	生产用房	受腐蚀的生产用房	受强腐蚀的生产用房	非生产用房
钢结构	50	30	15	55
钢筋混凝土结构	50	35	15	60
砖混结构	40	30	15	50
砖木结构	30	—	—	40
简易结构	10	—	—	10

资料来源：吕发钦：《资产评估常用数据与参数手册》，北京科学技术出版社，1997年。
转引自：曹振良：《房地产经济学通论》，北京大学出版社，2003年，第4页。

24

（2）高资本价值

房地产的高资本价值成因有三：

第一，土地供给的稀缺性。土地是不可复制生产的自然资源，是由地貌、土壤、岩石、水文、气候、植被等组成的自然历史综合体。人类的活动可以影响土地的相对位置的变化及土地的占有、分配、利用，但却无法创造土地。同时，由于土地位置的固定性、房地产的异质性和房地产市场空间的区域性，常常会导致在同一区域内可供各种用途的土地规模往往是固定的，从而很容易造成土地供不应求的局面。

第二，房地产开发投资规模较大。一般说来，任何意义上可作为商品进行销售或租赁的房地产都必须达到基本的使用功能，如住宅必须有一定的面积和设施，工商业用地也需要具备一定的面积和设施，这样，单位房地产开发所需要的投资往往较大。不仅如此，对于住宅开发来说，受土地使用权价格、配套设施建设以及经济性等项因素的影响，开发商往往必须同时建设诸多单位的住宅，如一个小区、一栋大楼等，从而使单个住宅开发的项目投资规模很大。

第三，受房地产市场空间的有限性、位置的固定性、房地产的异质性以及土地资源的稀缺性影响，从长期来看，大多数区域经常会发生房地产供给不足。由于其他区域的房地产供给几乎难以引导本地需求，同时本地房地产的供给也不可能如工业产品那样增加。这样，解决供求矛盾、实现供求平衡的唯一市场途径便是房地产价格上涨，从而很容易使得投入值固定的房地产随之升值。

房地产的长生命周期和高资本价值特性对房地产市场的供求形成了国民经济各产业中较为少见的一系列特殊影响，主要表现在：

首先，对房地产金融的高度依赖性。以住宅为例，对于大多数居民来说，无论收入多寡，也无论住宅价格高低，居住都是其最基本的生活需求之一。然而，一方面由于住宅价值相对较高，许多居民的即时支付能力常常不足以使其实现必需的居住需求。这样，所谓住宅按揭贷款便成了许多居民在一时没有全额支付能力的条件下依靠信用提前购买住宅的基本途径。另一方面，住房按揭贷款制度的推行使得既定收入水平下更多的居民有能力购买住宅，从而极大地促进了住宅需求。正是依靠包括住宅按揭贷款在内的房地产金融体系，房地产作为基本的居住设施和工商业生产设施的功能才得以充分的发挥。不过需要指出的是，房地产金融的存在也为房地产市场上利用较小资本从事房地产投资乃至投机活动提供了条件。

其次，较具规模的二手房地产交易。二手房地产交易的形成原因主要有三：①房地产的投资功能。有关这方面，我们将在下一节加以评述。②在住宅市场上，一方面，部分居民由于支付能力有限，难以购买新房，价格较便宜的二手房也就成了合理选择；或者由于在某些地域内已无新房可售，迫使购房者只能购买二手房。另一方面，有些居民出于多种原因（如搬迁、兑现等），也会将尚处于使用期内的住宅出售。③在工商业用房地产市场上，受房地产资源稀缺性或二手房地产经济性的影响，一些企业也往往选择购买二手房地产；另一方面，工商企业的搬迁、关闭等行为，也迫使有关企业出售原有的房地产。

第三，租赁业务的活跃。在住宅市场上，部分居民由于多种原因，如短期居留、支付能力偏低等，往往不愿意或无能力购买价值量较高的住宅，致使住宅租赁应运而生。在工商业用房地产市场上，出于经营风险、即时投资能力等项因素的考虑，部分工商企业也常常采取租赁的方式为正常生产经营活动提供房地产设施。

2.1.3　房地产的投资与消费功能及外部性

（1）房地产的消费与投资功能

房地产是一种消费品，既可以作为一种生产要素用于生产消费（如办公楼），也可以用于生活消费（如住房）。按照目前国内房地产界广为流行的说法，作为一种消费品，房地产在效用上同时具备生存资料、享受资料和发展资料三个不同层次的性质。房地产作为生存资料，给人以安身之所，提供了"衣食住行"中的"住"；随着社会的发展与进步，房地产的使用价值逐渐提高，诸如别墅、Town House、高档别墅等高级生活场所层出不穷，能给人以物质和精神上的享受，从而体现出其作为享受资料的功能；房地产作为发展资料，还是人们进行娱乐、学习和社交的场所，为个人的发展提供了必要的环境。

房地产也是一种具有两重功能的投资品。第一重功能指的是房地产是工商业活动必不可少的基础条件之一。任何工商业活动都必须拥有一定的场所，工业生产必须有厂房，商品销售必须有商店，企业管理离不开基本的办公设施。作为工商企业的固定资产，房地产无疑是重要的投资品。工商业者购买或是租赁房地产的目的，是将它作为一种生产资料，通过与其他生产资料和劳动的组合，最终谋取经济利益。

第二重功能指的则是房地产是一种拥有投资价值的商品。房地产的投资价值最常见的有三种体现：①由资源稀缺性所造成的房地产价格升值。众所周知，随着经济的增长和人均收入的提高，无论是由扩大生产经营所致的对工商业房地产的需求，还是由改善居住条件、城市化和人口增加所致的对住宅的需求，都会出现相应的增长。经济增长和人均收入提高的速度越快，对房地产需求的增长往往也越快。但由于土地资源的稀缺性和房地产位置的固定性，在特定区域内，常常会造成房地产供给的严重不足，致使房地产价格上涨。②宏观经济增长的周期性波动、利率和汇率波动所形成的房地产投资价值。如在通货膨胀年代，投资房地产常常比投资其他资产更具保值功能（参见表2-2）。又如当实际利率低于租金时，投资房地产显然就具有经济性。③由房地产的长生命周期和位置的固定性所致，在一个相当长的时期内，许多房地产拥有较高的通过周边环境的改善而获得增值的可能性，如交通条件的改善，相邻地域的开发以及其他基础设施的完善等。

有关国家（城市）房地产价格、股票价格及通胀率（%）　　　　　　　　表2-2

国家（地区）	年份	房地产	股票	通胀率
澳大利亚（墨尔本）	1950～1958	8.5	5.5	4.8
日本（地价）	1964～1987	11.0	10.5	7.0
新西兰	1963～1986	11.1	7.2	9.9
新加坡	1972～1983	14.1	10.7	6.0

资料来源：P.M.Brown, 1990, *Unibed Kingdom Residential Price Expectation and Inflation*, Land Development Studies。

转引自：曹振良：《房地产经济学通论》，北京大学出版社，2003年，第5页。

另外需要特别指出的是，房地产的投资功能还必然衍生出房地产市场一定程度的投机性。当某一房地产市场在短期内形成价格快速上涨的条件（如需求快速增长但供给一时难以增加）时，房地产市场的投机活动往往较为活跃，在信息不对称的条件下，较大规模的投机活动难免会导致所谓房地产泡沫的产生。

（2）房地产的外部性

房地产的投资、消费以及开发活动在给投资者、消费者和开发者分别带来利益的同时，往往还会产生相应的外部性（externalities）。

经济学中所谓的外部性是指厂商在从事生产经营活动为自己谋利的同时，其行为还对其他相关厂商、居民造成了影响，但该厂商却不需要为此支付任何费用。如果这种影响是正面的，即给其他相关厂商和居民带来了好处，那么这种外部性也称为外部经济（external economies）；反之，如果造成了对其他相关厂商和居民的不利影响，那么这种外部性就称为外部不经济（external diseconomies），环境污染就是典型的外部不经济问题。

在评价房地产价值需要考虑的诸多构成参数中，地理位置及周边环境从来就有着重要的影响。由房地产的位置固定性所致，某个特定房地产的开发、消费或投资固然会有其合理性，但也会不可避免地给周边的房地产价值产生较大的影响。如果这种影响是正面的，那就会有利于周边房地产的增值，如果这种影响是负面的，那就会导致周边房地产价值的损失。

例如，一个大型住宅项目的开发、销售或租赁，显然会增加特定地域居住人口的规模。这样，对该地域及其相邻地区的商业房地产来说，就会因此而获得好处。反之也一样，如果在一个住宅区的附近开发了一个大型商业房地产项目，无疑也会使得该住宅区内的居民享受到相关的购物、娱乐等项便利，从而无形之中也会导致该住宅区房地产的增值。

又如，在一个住宅区附近开发了一个大型工业用房地产项目，比如在郊区的某个别墅区旁兴建了一个化学工业开发区，即使在环境污染的治理方面达到了国家标准，也会引起市场对该处别墅价值评价的降低。反之也一样，如果在一个工厂聚集区附近开发了一个大型住宅项目，那么由居住环境的较高标准所致，该工厂聚集区的房地产价值也会发生变化，至少从长远来看其作为工业用房地产的价值会受到削弱。

显然，市场机制不可能克服房地产外部性中那些不经济问题，而只能依靠必要的政府干预加以适当的规控，如对区域土地开发的规划，对房地产开发项目的审批，以及对房地产消费和投资的各项制度性约束等。

2.2 国民经济中的房地产业

在现代产业经济学中，由于学科内容的复杂构成以及研究层面的不同，致使有关产业的定义和划分从来就不存在一个统一的规范。目前较为流行的分类方法，则是从三个层面来分别定义产业：第一个层面是根据经济活动的阶段性，将国民经济活动划分为若干个大类产业，如所谓三次产业分类法把社会经济活动分为第一产业（Primary Industry）、第二产业（Secondary Industry）和第三产业（Tertiary Industry）；第二个层面是按照产品、技术和工艺的相似性，将经济活动划分成类别更多更细的产业，其通常表现为根据特定机构颁布的标准产业分类法所形成的所谓统计意义上的产业（Census Industry），如联合国颁布的《全部经济活动的国际标准产业分类索引》(Indexes to the International Standard Industrial Classification of All Economic Activities，简称ISIC)，以及中国国家统计局颁布的《国民经济行业分类与代码》；第三个层面的分类方法则纯粹把产业定义为生产具有高度替代性(close-substitutive)的产品的企业群(group)。[①]

2.2.1 产业分类中的房地产业及其构成

在三次产业分类法中，房地产业被列入第三产业，即所谓广义的服务业。

在国外各类标准产业分类法中，房地产业通常被列为金融部门 (Financials)。如在ISIC中，全部国民经济活动被分为10大类，其中房地产业与金融业、保险业及商业性服务业同属第8大类产业。又如在2005年4月摩根斯坦利公司和标准普尔公司联合推出的最新《全球产业分类标准》(Global Industry Classification Standard，简称GICS) 中，所有经济活动被分为10个经济部门 (economic sector)、23个产业组 (industry group)、59个产业 (industry) 和123个子产业(sub-industry)，其中房地产业被列为产业组 (编号4040)，与银行、综合金融、保险等产业组同属于金融业，而在其之下又分为房地产 (编号404010) 一个产业和房地产投资信托 (编号40401010)、房地产管理与开发 (40401020) 两个子产业。正因为如此，房地产业也常常被归为大金融业。

但在我国，无论是证监会颁布的《中国上市公司分类指引（试行)》还是国家统计局颁布的《国民经济行业分类与代码》，都把房地产业与金融业单独分开。其中，前者将房地产业单独列为 J 类（参见表2-3)，金融、保险业则为 I 类；后者把房产业单独列为 K 类（参见表2-4)，金融业则为 J 类。

《中国上市公司分类指引（试行)》中的房地产业　　　　表2-3

	J01 房地产开发与经营业	
	J05 房地产管理业	
J 房地产业	J09 房地产中介服务业	J0901 房地产经纪业
		J0120 房地产评估业
		J0130 房地产咨询业
		J0199 其他房地产中介服务业

[①] Joe S.Bain, *Industrial Organization,* second edition, John Wiley & Sons, INC, 1968, P.6.

《国民经济行业分类与代码》（GB/T 4754—2002）中的房地产业　　表2-4

类别代码	类别名称	行业代码	行业名称	子行业代码	子行业名称
K	房地产业	72	房地产业	721	房地产开发经营
				722	物业管理
				723	房地产中介服务
				724	其他房地产活动

从理论上来说，我国房地产业应当包括五类活动：[①]

（1）房地产开发经营活动。它主要是指房地产开发企业及其他各种类型的单位在进行房地产开发（包括土地、住房、生产经营用房和办公用房开发）过程中所从事的商业性服务活动，如土地买卖、房地产开发和房地产买卖，但它不包括可能从事的土地平整、改良和房屋的建筑活动（这类活动通常属于建筑业范畴）。

（2）存量房地产买卖及租赁业务。它通常包括：房地产企业、各种类型的单位及城乡居民的房地产买卖活动，房地产企业、各种类型的单位及城乡居民的房地产租赁活动，城市房地产管理部门提供的居民住房服务和企业、事业、行政单位向本单位职工及其家庭提供的住房服务，城乡居民居住自有住房所形成的住房服务。

（3）房地产管理活动。它主要是指政府房地产管理部门所从事的土地使用管理、房地产登记、拆迁管理、交易管理等活动。

（4）房地产中介活动。它主要是指以收费或合同为基础的房地产买卖和租赁过程中所发生的中介活动，包括经纪、代理、估价、咨询和拍卖等。

（5）物业管理活动。它主要是指物业管理企业提供的以收费或合同为基础所从事的各种类型物业的管理、维护和保养活动。

不过，根据我国现行产业分类标准，事实上很难对上述房地产业应当涵盖的五种活动经营进行全面完整的统计。这样，无论在我国房地产业规模还是在房地产业的经营业绩方面，现行的统计实际上不可能准确地反映，某些指标的被低估似乎也就不可避免。[②]

2.2.2　作为基础部门的房地产业

我们在引言部分中已经指出，从国民经济的基本架构来看，房地产业属于基础部门。所

---

①张红：《房地产经济学》，清华大学出版社，2005年，第33页。
②本书将在第6章中就上海房地产增加值被低估的问题加以详细讨论。

谓基础部门，是指构成国民经济各类生产活动的一般基础的设施和部门，同时也是为居民的社会生活和日常生活提供一般基础的设施和部门。基础部门主要包括公路、铁路、机场、港口、通信设施和部门、工业供水、排水、电力、煤气、教育事业和设施、水利、农田基本建设、水土保持、自来水、下水道、城市燃气、环境卫生设施和部门、医疗保健、住宅、公园、绿地和文化体育设施等。在国民经济活动中，一切依托和立足于基础结构之上的产业部门，就是所谓的生产部门。

理论上通常把房地产业定位为基础部门的主要原因，大致包括如下几个方面：

第一，房地产是国民经济的基本承载体，其提供的商品与劳务有生活资料和生产资料双重属性，可以说房地产是任何社会经济活动，特别是城市经济活动所必需的基础性的物质条件。农业劳动的对象和最重要的生产资料是土地，工业、商业、服务业、金融业等各行各业也都需要房屋和与其经济活动相适应的场地和交通用地作为基本经济活动的场所。毫无疑问，房地产业发展的规模、速度都会对其他行业的规模、结构、发展水平和速度产生影响。

第二，住宅是一切社会活动的功能基础之一，是维持劳动力的生存、生产并提供其再生产和素质提高的最基本条件之一，因此也可以说房地产业是社会劳动力生产和素质提高的先决条件之一。

第三，房地产业是城市经济发展和城市现代化的重要基础。房地产业的发展与城市化进程之间存在较大的相关性。城市最初由交换商品的需要而产生，现代城市则通常是由工业生产、商业贸易、金融信贷、行政管理、科学文教、市内外交通运输、仓库储运、公用市政设施、园林绿化、生活服务等多种体系构成的一个复杂的综合体，是物流和信息流的集散地。房地产是所有这些活动的载体，一般而言，现代化城市是否具有高效率的经济活动，决定于建筑内部结构是否合理和基础设施是否高效，而这些又是与土地开发和物业再开发分不开的。从海外城市发展的情况来看，通过预先规划、科学布局的房地产综合开发，以具有人性化的功能分区标准来安排城市的用地方向，并且保持不同用途土地的合理比例，能大大提高城市经济活动和社会活动的综合效益。而且，由于城市是生态系统和经济系统的有机统一体，在房地产的开发和再开发过程中，遵循生态保护和经济发展协调统一的原则，构筑自然、社会和经济和谐融合的城市花园，将能大大提高居民的生活质量，从而有助于构建人伦和谐、经济繁荣的现代化城市。

不过需要特别指出的是，与大多数基础部门的产业相比，房地产业又存在着较大的特殊性，从而也影响到对房地产业与经济增长关系的评价。其中房地产业较之大多数基础部门产业最为突出的一个特点，便是房地产并不属于公共物品（public goods），也不属于公共部门，而属于私人部门。

按照现代经济学的一般解释，相对于私人物品(private goods)而言，公共物品有两个根本特点：①非竞争性，即某个商品在给定的生产力水平下，提供额外商品的边际成本为零。②非排他性，即任何人在消费某个商品的同时并不能排除他人消费同样的商品，如果由私人提供，则必然会产生所谓的搭便车问题（Free-Rider）。基于上述两个特点，公共物品的供给面临着一系列必须解决的问题：第一，由于交易费用高昂，私人企业不存在提供公共物品的动机，如交通运输部门中的某些产业。第二，许多公共物品的价格弹性极小（甚至为零），而消费者所获得的效用又很大。如果由私人部门经营的交易费用高昂，或者由消费者自行购置的成本过高，就会造成社会资源的不必要浪费，如消防、治安和一些自然灾害的防治等。因此在这种情况下，只能由政府承担提供这些物品的职责。第三，一些公共物品的提供实际上很难确定具体的受益者，但如果没有生产的话又必然会导致社会福利的损失，如历史文物和某些自然资源保护等。

由于房地产不属于公共物品，因此它也就具备了所有私人物品的基本特征。房地产业主要是依靠市场机制运行的，并主要表现为市场调节下的产业内供需各方的逐利行为。在资本主义国家，政府对房地产业几乎不负有任何实质意义上的直接责任，其对房地产业也少有直接干预。在我国实行土地国有和集体所有的条件下，由社会主义市场经济体制调节下的房地产业的运行尽管有别于资本主义国家，但企业、各种类型的单位以及个人作为房地产业主体的地位是毋庸置疑的，政府显然也不需要承担发展房地产业的直接责任。

2.2.3 房地产业内部主要细分市场

如前文所述，从统计的角度来看，按照房地产业各种经济活动的性质，房地产业还可以进一步细分为若干个子产业，如房地产开发与经营业、房地产管理业和房地产中介服务业等。不过从房地产业的主要产品以及市场竞争的角度产看，房地产业实际上还可以细分为若干个市场，其中主要有住宅市场、商业房地产市场、工业房地产市场和写字楼市场等，它们彼此之间实质上并不存在竞争关系，其各自的兴衰也并不一定是紧密关联的。

（1）住宅市场。住宅市场主要由住宅的开发与经营、存量住宅的买卖与租赁、住宅交易的中介服务以及住宅的管理等活动组成。由居民庞大的需求量所致，无论国内外，住宅从来就是房地产业的首要产品，住宅开发投资额通常要占据整个房地产业开发投资额的大部分，以致住宅市场往往成为整个房地产业经济的晴雨表。如表2—5所示，1999~2003年，我国房地产开发企业实际完成的投资额中，住宅投资额一直占了60%以上。也正因为如此，住宅市场的景气与否往往会决定整个房地产业的景气程度，住宅市场事实上一直主导着整个房地产业的发展。

我国按用途分房地产开发企业(单位)投资完成额 表2—5

| 年份 | 投资额（万元） | 住宅 | | 办公楼（万元） | 商业营业用房（万元） | 其他（万元） |
		合计（万元）	比重（%）			
1999	41 032 024	26 384 794	64.3	3 385 973	4 843 349	6 417 908
2000	49 840 529	33 119 839	66.5	2 978 511	5 799 927	7 942 252
2001	63 441 107	42 166 760	66.5	3 079 470	7 553 018	10 641 859
2002	77 909 223	52 277 560	67.1	3 810 018	9 336 107	12 485 538
2003	101 538 009	67 766 861	66.7	5 083 372	13 023 473	15 664 303

资料来源：《中国统计年鉴（2004）》。

（2）商业房地产市场。商业房地产主要是指用于各种零售、餐饮、娱乐、住宿、休闲等经营用途的房地产，商业房地产市场通常由各种商业房地产开发和经营、存量商业房地产买卖和租赁、商业房地产管理以及相关的商业房地产中介服务等项活动组成。由于用于各种商业活动，因此商业房地产的需求特点自然与住宅有着很大的区别。不仅如此，相对于住宅开发和经营来说，商业房地产的开发与经营模式也往往显得复杂多变。

（3）工业房地产市场。工业房地产市场自然是由各种工业房地产开发和经营、存量工业房地产买卖和租赁、工业房地产管理以及相关的工业房地产中介服务等项活动所组成的。但是，与商业房地产市场有着明显区别的是，由于多数企业因生产过程的异质性而更愿意选择自建厂房，因此在工业房地产市场上，地产的开发、经营、买卖和租赁似乎更为常见。

（4）写字楼市场。写字楼主要是指政府机构、企业和其他各类单位用于办公及部分生产经营活动的场所，因其通常以大楼的形式出现而得名。写字楼市场无非包括各种写字楼的开发和经营、存量写字楼的买卖和租赁、写字楼的管理以及相关的写字楼中介服务等项活动。

不过，与其他三类房地产市场明显不同的是，租赁常常是写字楼市场的主要经营模式。究其原因，则大致包括土地的稀缺性、多数写字楼的大容量、企事业单位的规模多变以及选址的非固定性等。

从理论上来说，上述四类房地产市场是四个相对独立的市场。由于需求者不同、需求特点不同、开发经营模式不同以及具体功能不同，上述各类房地产市场之间并不存在实质性的竞争关系，其开发、经营和交易规模以及价格波动也有着各自的规律，并不存在某类市场对其他市场的显著影响。如图2-2显示，在1999~2004年间，我国各类房产的价格指数尽管都存在着上涨趋势，但每一类房产的价格波动轨迹显然各不相同。

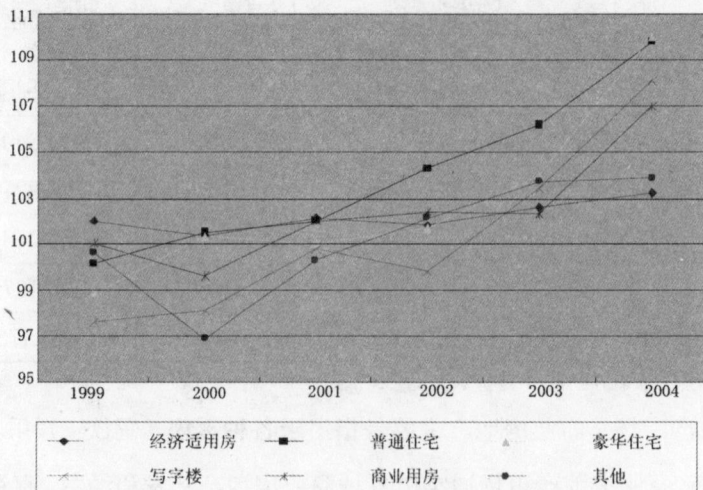

图2-2　1999~2004年我国各类房产价格指数波动（以上年为100）

当然需要承认的是，这四类房地产市场之间也会因为土地价格、宏观经济形势以及利率和汇率波动而存在某种程度的关联，包括价格水平方面的某种趋势的联动性。

2.3　房地产业的若干特性

作为一种商品，房地产的多种特性必然导致房地产业的某些特性与大多数产业有所不同。如同下文所要指出的那样，由于房地产业的诸多特性显著有别于其他大多数产业特别是工业部门，因此房地产业似乎从来就是一个国民经济中极为特殊的部门。

2.3.1　房地产市场的空间分割与区域性

在经济学意义上，只有当产业采取前述第三种分类方法，即纯粹把产业定义为生产具有高度替代性(close-substitutive)的产品的企业群(group)时,产业与市场在内涵上才是重合的。而如果按照第二种方法或是所谓标准产业分类法定义产业,那么往往就很可能造成在一个产业中存在若干个彼此相对独立的市场。其中,同一产业内存在着若干个空间上相互分割甚至封闭的市场,则是一种较为常见的现象,如房地产业、零售业、餐饮业和城市供水业等。

从地理空间的角度来看,任何产品的市场总是具有一定的地域界定。Elzinga and Hogarty 用"外部需求小"和"内部流出小"的复合性规则,提出了界定地理空间市场的若干标准:①外部需求小。如果在一个地域中,所消费的产品绝大部分都是由该地域内部所生产的,那么该地域就是一个市场。②内部流出小。如果在一个地域中,所生产的产品绝大部分都是由该地域内部所消费的,那么该地域就是一个市场。③交通运输成本。如果交通运输成本大到足以锁定地域内部的消费者,或者足以把外部供应商逐出的程度时,那么该地域就是一个市场。④价格。如果价格的确定是在地域的基础上的,并在地域基础上变化,则该地域就是一个可区分的市场。①

由房地产位置的固定性和异质性所致,房地产市场的空间比绝大多数产品要小得多。众所周知,由于产品的可流动性,绝大多数工业产品的市场空间在理论上可以说是无限的,决定其实际市场空间边界的则主要是交易费用。另外,一个有竞争力的工业产品也可以通过异地生产的方式,克服由交易费用所导致的不利性。因此,在自由贸易制度下,大多数工业产品的市场几乎都可以说是全国性乃至全球性市场。但房地产则不同,位置的固定性导致了其不可能被大量复制、运输乃至异地制造,异质性则使得相距较远的房地产之间的可替代程度较低。因此,无论是住宅还是作为生产投入物的房地产,即使性价比再为优越,居民出于包括交通费用在内的各种生活费用的考虑,工商企业出于交易费用的限制,也都不会选择导致其生活费用或交易费用高昂的房地产。例如,尽管与上海相邻的其他城市的住宅较为便宜,但在上海工作的人士肯定不会选择居住在这些城市,除非愿意因此而更换工作地点;同样,即使内地许多省市地价较低,但许多工商业投资者并不会因此前往投资,毕竟土地价格只是决定工商业投资选址的诸多因素之一。这样,从竞争的角度来看,房地产的市场空间就不可能覆盖较广。在类似中国这样一个大国中,其实并不存在全国统一的市场,而是由众多以某个城市为中心的区域性市场。

---

① Elzinga & Hogarty. The problem of geographic market delineation in anti-merger suits [M].Antitrust Bulletin,1973,18(1):45-81.

由于区域房地产市场的需求和供给主要发生于区域内部,因此影响该区域房地产市场和该区域房地产业的主要因素显然也以该区域内部因素为主,从而导致了各个区域房地产业的发展程度和特点也出现相应的差别。以我国为例:

第一,我国各地区房地产市场价格波动彼此相对独立,并无密切关联。如表2-6所示,2003年我国官方统计的35个大中城市的人均GDP与住宅价格之间在表面上似乎存在着一定的关联,即人均GDP较高的城市住宅价格水平大多也较高。但进一步观察发现,在人均GDP小于22 000元的城市中,住宅价格与GDP水平之间并不存在明显的关联;同时在人均GDP大于22 000元的城市中,住宅价格虽然在总体上明显高于人均GDP小于22 000美元的城市,但其变化与人均GDP之间的关联性也并不显著(参见图2-3)。

2003年全国35个大中城市的人均GDP与住宅价格(单位:元)　　　表2-6

城市	住宅价格	人均GDP	城市	住宅价格	人均GDP
北京	4 456	32 061	广州	3 999	48 372
天津	2 393	26 532	南宁	2 169	7 874
石家庄	1 570	15 188	海口	1 989	16 730
太原	2 204	15 210	重庆	1 324	8 077
呼和浩特	1 277	18 791	成都	1 908	18 051
沈阳	2 756	23 271	贵阳	1 735	10 962
长春	1 973	18 705	昆明	2 131	16 312
哈尔滨	2 183	14 872	西安	1 921	12 233
上海	4 989	46 718	兰州	1 673	14 540
南京	2 888	27 307	西宁	1 499	7 110
杭州	3 657	32 819	银川	1 728	11 788
合肥	1 889	10 720	乌鲁木齐	1 864	19 900
福州	2 178	20 520	大连	2 699	29 206
南昌	2 079	14 382	青岛	2 297	23 398
济南	2 307	23 590	宁波	2 541	32 639
郑州	1 955	17 063	厦门	3 077	35 009
武汉	2 023	21 457	深圳	5 793	54 545
长沙	1 786	14 810			

资料来源:《中国统计年鉴(2004)》和《中国城市统计年鉴(2004)》。

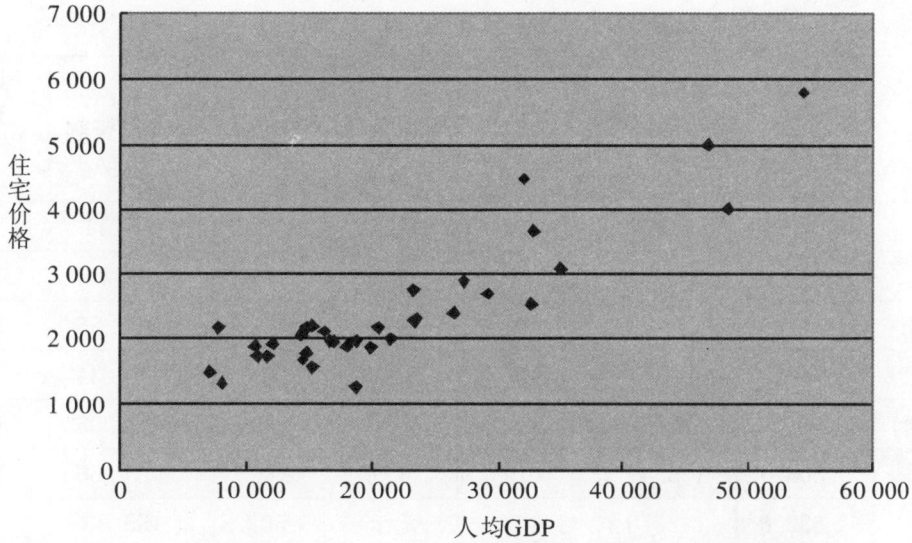

图 2-3 2003 年全国 35 个大中城市的人均 GDP 与住宅价格

第二，各地区房地产业的发展水平主要受到当地市场需求和供给的影响。至于当地市场的需求和供给变化的原因与当地经济增长水平有多大的关联，目前似乎也难有定论。如表2-7 和图 2-4 所示，2003 年我国 35 个大中城市房地产开发投资与当地 GDP 的比例各有高低，其分布似乎与各地的人均 GDP 之间并不存在显著的关联。

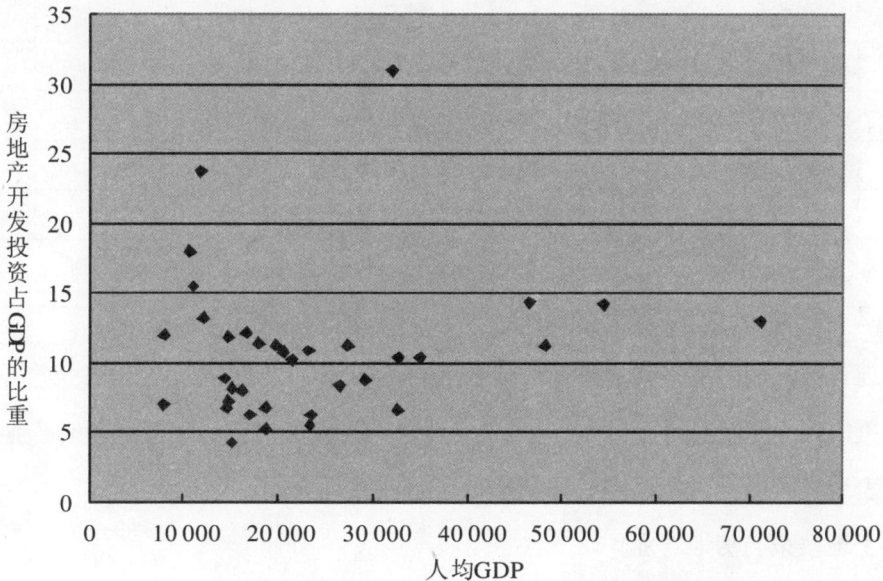

图 2-4 2003 年全国 35 个大中城市的房地产开发投资与人均 GDP

城市	GDP（亿元）	房地产开发投资额（亿元）	房地地开发投资额与GDP的比例(%)	城市	GDP（亿元）	房地产开发投资额（亿元）	房地地开发投资额与GDP的比例(%)
北京	3 663.1	1 137.29	31.0	青岛	1 780.4	97.11	5.5
天津	2 447.7	205.63	8.4	郑州	1 102.3	69.78	6.3
石家庄	1 377.9	57.45	4.2	武汉	1 662.2	169.55	10.2
太原	515.7	41.62	8.1	长沙	929.5	110.34	11.9
呼和浩特	406.2	27.30	6.7	广州	3 496.9	391.06	11.2
沈阳	1 603.4	175.47	10.9	深圳	2 895.4	412.66	14.3
大连	1 632.6	142.70	8.7	南宁	502.5	35.38	7.0
长春	1 338.0	69.28	5.2	海口	228.9	27.70	12.1
哈尔滨	1 414.8	103.00	7.3	重庆	2 250.6	269.53	12.0
上海	6 250.8	899.30	14.4	成都	1 870.8	212.78	11.4
南京	1 576.3	177.19	11.2	贵阳	380.9	59.15	15.5
杭州	2 099.8	217.64	10.4	昆明	812.0	65.00	8.0
宁波	1 786.9	118.78	6.6	西安	941.6	124.82	13.3
合肥	485.0	87.38	18.0	兰州	440.1	29.57	6.7
福州	1 347.7	145.58	10.8	西宁	144.8	18.90	13.0
厦门	759.7	79.27	10.4	银川	156.8	37.37	23.8
南昌	641.0	57.31	8.9	乌鲁木齐	408.6	46.03	11.3
济南	1 365.3	85.23	6.2				

资料来源:《中国城市统计年鉴（2004）》。

2.3.2 房地产业的政策依赖性

虽然现代市场经济从来就是政府干预之下的市场经济,但在国民经济各类产业中,房地产业的政策依赖性无疑显得尤为突出。其不仅表现为政府宏观经济政策对房地产业的显著影响,而且表现在政府异常广泛和具体的房地产行业管理方面。

（1）土地政策与房地产业

房地产不能脱离土地而存在。这样,国家的土地制度及其变化,自然会对房地产业产生重大而深远的影响。土地制度包括土地所有制和土地使用制。土地制度直接制约着土地价格的存在、上涨或下跌。建国以来，我国长期实行的是严禁土地买卖、出租的土地使用制度，土地的流转方式也只有划拨。由于划拨土地是无偿的，因而就不存在地价。随着土地使用制度的改革，土地作为特殊商品开始进入流通领域，从而出现了作为让渡土地使用权的经济补偿的土地价格。同时，随着土地有偿使用制度的进一步完善，在市场经济的作用下，土地价格的涨、落也会更符合市场规律。其中，影响土地价格的主要政策性因素有：土地制度、住房制度、城市规划、土地出让方式、地价政策、税收政策、交通管制和行政隶属变更等。

不仅如此，在土地公有制条件下，政府还对土地特别是国有土地的供给总量拥有实际的控制权。众所周知，在全部可供用于房地产开发的国有土地中，理论上都能随时开展土地使用权交易并投入房地产开发。但是在短期内市场需求量基本不变的情况下，如果土地供给量较大，势必造成地价较低，并相应减少了今后可供开发的土地数量，甚至还会引发土地投机行为。反之，如果土地供给较小，则又很容易造成土地价格较高，从而进一步提高房产开发成本。因此，作为国有土地实际控制者，政府对土地供给总量的控制程度，将直接决定相应时期内房地产的开发规模和房地产市场的具体状况。

（2）居住政策与房地产业

住宅是居民生活不可缺少的基本条件之一。由于相对于居民的支付能力而言，住宅的价格和租赁价格往往较高，以致并不是所有居民家庭都有能力按市场价格购买或租赁住宅。另外，保证公民基本的居住条件也是现代市场经济国家政府福利政策的基本目标之一。因此，即使房地产业完全纳入市场化轨道，也还需要政府从保障每一个居民家庭的基本居住条件这一立场出发，制定相关的公共住房政策，通过多种途径，实现基本的社会福利。

在我国，政府居住政策的重点，是通过兴建所谓经济适用房，实施"国家安居工程"，来确保并改善中低收入家庭的居住条件。根据1995年国务院颁布的《国家安居工程实施方案》，国家安居工程从1995年开始实施，在原有住房建设规模基础上，新增安居工程建筑面积1.5亿m²，用5年左右时间完成。凡用于国家安居工程的建设用地，一律由城市人民政府按行政划拨方式供应，地方人民政府相应减免有关费用。市政基础设施建设配套费用，原则上由城市人民政府承担；小区级非营业性配套公建费，一半由城市人民政府承担，一半计入房价。国家安居工程住房直接以成本价向中低收入家庭出售，并优先出售给无房户、危房户和住房困难户，在同等条件下优先出售给离退休职工、教师中的住房困难户，不售给高收入家庭。国家安居工程住房的成本价格由征地和拆迁补偿费、勘察设计和前期工程费、建安工程费、住宅小区基础设施建设费（小区级非营业性配套公建费，一半由城市人民政府承担，一半计入房价）、1%～3%的管理费、贷款利息和税金等7项因素构成。[①]而在2004年颁布实施的《经济适用住房管理办法》中，明确将经济适用住房定义为由政府提供优惠政策，限定建设标准、供应对象和销售价格，具有保障性质的政策性商品住房。并进一步规定：经济适用住房要严格控制在中小套型，中套住房面积控制在80m²左右，小套住房面积控制在60m²左右。确定经济适用住房的价格应当以保本微利为原则，其销售基准价格和浮动幅度应当按照《经济适用房价格管理办法》(计价格[2002]2503号)的规定确定；[②]其租金标准由有定价权的价格主管部门会同经济适用住房主管部门在综合考虑建设、管理成本和不高于3%利润的基础上确定。[③]

毫无疑问，国家安居工程和经济适用住房政策的实施对我国房地产业有着极其深远的影响。其在使广大中低收入家庭有能力购买适用住宅的同时，也相应减少了对纯粹商品住宅（包括存量住宅）的购买需求和租赁需求，并使得整个住宅市场被分作政府规控之下的经济适用住房市场和其他商品住宅市场。

（3）城市规划与房地产业

城市规划是确定城市的规模和发展方向，实现城市的经济和社会发展目标的重要途径之一。对于房地产业来说，政府制定城市规划还可以有效地抑止房地产开发及投资消费行为出现外部不经济的可能性，同时也有效缓和了房地产业各相关主体判断房地产价值的信息不完备问题。

按照1989年颁布实施的我国《城市规划法》的规定，城市总体规划应当包括：城市的性质、发展目标和发展规模，城市主要建设标准和定额指标，城市建设用地布局、功能分区和各项建设的总体部署，城市综合交通体系和河湖、绿地系统，各项专业规划，近期建设规划。在城市规划区内进行建设需要申请用地的，必须持国家批准建设项目的有关文件，向城市规划行政主管部门申请定点，由城市规划行政主管部门核定其用地位置和界限，提供规划

---

① 《国务院办公厅关于转发国务院住房制度改革领导小组国家安居工程实施方案的通知》（国办发[1995]6号）。

②即价格由开发成本、税金和利润组成，其中利润不超过核定成本的3％。具体成本核定办法参见《经济适用房价格管理办法》。

③建设部、国家发改委、国土资源部、人民银行：《经济适用住房管理办法》，２００４年４月１３日。

设计条件，核发建设用地规划许可证。建设单位或者个人在取得建设用地规划许可证后，方可向县级以上人民政府土地管理部门申请用地，经县级以上人民政府审查批准后，由土地管理部门划拨土地。在城市规划区内新建、扩建和改建建筑物、构筑物、道路、管线和其他工程设施，必须持有关批准文件向城市规划行政主管部门提出申请，由城市规划行政主管部门根据城市规划提出的规划设计要求，核发建设工程规划许可证件。建设单位或者个人在取得建设工程规划许可证件和其他有关批准文件后，方可申请办理开工手续。

任何房地产开发经营行为都必须以遵守城市规划为前提，这显然有助于规范各类房地产的选址、设计和开发行为。但从长期的发展来看，由于大多数城市显然不可避免地存在不定期修订城市规划的可能性，房地产业的长远发展和具体项目的开发经营也难免会因此而增加不确定性。

（4）房地产金融政策与房地产业

如前所述，由房地产开发经营和诸多房地产交易对金融支持的高度依赖性所致，政府金融政策特别是房地产金融政策对房地产业的重大影响无疑是不言而喻的。除了前文已经言及的内容之外，还突出表现在如下两个方面：

第一，影响房地产开发市场的进入难易程度，进而影响房地产业的供给水平。房地产的高资本价值特性使得房地产开发市场的必要资本量进入壁垒通常很高，致使许多企业因无力筹集到庞大的资金而被挡在市场之外。如果政府推行宽松的房地产金融政策，给予开发商积极的金融支持，那么这势必会有效降低房地产开发市场的必要资本量进入壁垒，使得房地产开发市场的进入变得相对容易。反之，则必然会相应增大房地产开发市场的进入难度。例如1998年人民银行在《关于加大住房信贷投入，支持住房建设与消费的通知》中规定，对新开工的普通住房项目，只要开发商自有资金达到30%，住房确有销路，商业银行均可发放住房建设贷款。同时，在促进空置商品房的销售方面，对目前由于配套设施不完善而影响销售的商品房，商业银行可发放配套设施贷款；对通过降低房价扩大销售的房地产开发企业，有关商业银行可对其所欠的逾期贷款减免罚息。事后表明，这些规定的实施对当时我国房地产业特别是住宅开发起到了重要的推动作用。

第二，影响房地产业的投资和消费规模。同样由房地产的高资本价值特性所致，并不是所有个人和企业都有能力从事各种类型的房地产投资和消费。这样，如果政府采取宽松的房地产金融政策，给予各种房地产投资和消费行为以充分的支持，那么这无疑会相应刺激房地产市场的投资和消费。反之，则会相应抑止房地产市场的投资和消费。例如1999年人民银行在《关于开展个人消费信贷的指导意见》中明确要求，1999年各商业银行对住房消费贷款和汽车消费贷款的投入要高于1998年的投入比例。个人住房贷款可扩大到借款人自用的各类型住房贷款。在严格防范信贷风险的基础上，各商业银行可根据情况掌握条件，对购买住房、汽车的贷款的比例可以按不高于全部价款的80%掌握，具体贷款比例由各银行按风险管理原则自行掌握。此举对于促进当时我国个人住房消费的作用是极其明显的。

2.3.3 中国房地产业的过渡性

从20世纪50年代直至80年代初，我国房地产业实行的是高度集中的计划经济体制。在这一时期，土地无偿拨给，国家有计划地投资建设，无偿拨给企业和单位使用，而非生产性的房地产及职工住宅，也由国家统一负责、统一建房、统一分配使用，由于当时社会成员实行的是低工资制，家庭一般只需要象征性地交少量房租即可，而房屋的维修、管理统一由国家负责。自20世纪80年代初开始，我国政府开始探索房地产业体制改革，并逐步明确了房地产业市场化改革的方向和基本原则、思路。因此，从20世纪80年代迄今的中国房地产业事实上一直处于逐步的体制转轨和经济过渡之中，期间主要的制度性变化和政策变更如表2-8所示。

改革开放以来我国房地产业的制度变迁和政策变更概览　　　　表2-8

年度	政策目标及政策内容
1978～1983 经济复苏	政策目标：修改十年规划指标，调整、改革、整顿。 政策内容：允许私人建房，城市居民可以自购自建；开始住房制度改革；调整产业结构，下放管理权。
1984 经济高涨	政策目标：发展房地产业。 政策内容：发布城建综合开发暂行办法，推行住宅商品化试点。
1985～1987 经济衰退与萧条	政策目标：防止盲目发展商品住宅。 政策内容：加强商品房住宅计划管理，公有住房补贴出售。
1988 经济高涨	政策目标：扩大房地产业发展；实现住房制度改革。 政策内容：修改《宪法》，允许土地批租；全国城镇分期分批推行住房制度改革；开放房地产市场。
1989 经济萧条	政策目标：加强房地产市场管理。 政策内容：发布《关于加强房地产市场管理的通知》，规范市场行为，整顿市场秩序；压缩固定资产投资规模，紧缩银根。

表 2-8（续 1）

年度	政策目标及政策内容
1990 经济萧条	政策目标：加强治理整顿；推进土地使用制度改革。 政策内容：治理整顿，大规模清理在建项目；颁布深化企业经营机制改革的通知；紧缩银根；发布《土地管理法实施条例》。
1991 经济萧条	政策目标：规范房地产业发展；深化住房制度改革。 政策内容：治理整顿；房地产市场建设全面起步；房改开始在全国范围内全面推行。
1992 经济高涨	政策目标：加快房地产业发展。 政策内容：引进外资；宣布"治理整顿"结束；开放房地产价格；扩大市场调控范围；下放权力；发放开发消费贷款。
1993 经济高涨	政策目标：理顺房地产业，促进房地产业健康发展。 政策内容：开始进行宏观调整；控制投资规模，调整投资结构，规范市场行为，调节房地产经营收益。发布《关于加强房地产市场宏观管理，促进房地产业健康持续发展的意见》和《关于开展房地产开发经营机构全面检查的通知》。
1994 经济衰退	政策目标：加强宏观调控，深化住房制度改革。 政策内容：发布《国务院关于继续加强固定资产投资宏观调控的通知》和《国务院关于深化城镇住房制度改革的决定》；进入调控、消化、稳定的发展阶段；开展房地产开发经营机构全面检查；整顿金融秩序。
1995 经济衰退	政策目标：规范房地产市场。 政策内容：加强房地产市场的宏观管理；颁布《城市房地产管理法》、《增值税法》；整顿金融秩序；开始实施安居工程。
1996 经济复苏	全面推行住房公积金制度；租金改革和公有住房出售有了新的进展；政策性抵押贷款制度开始建立；安居工程顺利推行。
1997 经济衰退	实行适度从紧的财政政策和货币政策。
1998 经济衰退	政策目标：促进房地产业发展。 政策内容：发布《城市房地产开发经营管理条例》和《关于进一步深化城镇住房制度改革，加快住房建设的通知》，要求从1998年下半年起停止住房实物分配，逐步实行住房分配货币化；同时调整住房投资结构，重点发展经济适用住房，建立以经济适用住房为主的住房供应体系；房地产开发资金结构得到调整。
1999 经济萧条	实行积极财政政策，启动住房消费，深化落实住房分配货币化改革；鼓励个人换购住房，免个人所得税；调整房地产市场若干政策，启动房地产市场，免征交易营业税，契税减半。
2000 经济复苏	启动住房消费，促进房地产业发展。对住房公积金贷款的个人和银行都免税。租赁所取得收入税率减少。

表 2-8（续 2）

年度	政策目标及政策内容
2001 经济复苏	政策目标：促进房地产业发展；促进消化积压房。 政策内容：对住房消费采用扶持政策，积极促进房地产发展；加大房地产开发投资力度，拉动经济增长。消化积压空置商品房政策，对1998年6月30日以前的商业用房、写字楼、住房免营业税、契税，行政事业性收费。
2002 经济高涨	制止商业银行指定保险单位办理贷款保险业务。降低住房公积金存、贷款利率，5年以上贷款利率由4.59%降到4.05%；修改《住房公积金管理条例》。央行认为局部投资增幅过大，加强房地产市场的宏观调控，强化土地供应管理，严格控制土地供应总量。恢复征收土地增值税。
2003 经济高涨	出台121号文件。加强房地产信贷，四证取得后才能发放贷款；提高第二套住房的首付比例。出售的房屋开始征收房产税。出台18号文件，促进房地产市场持续健康发展。
2004 经济高涨	发布"71号令"，规定必须在当年8月31日之前将协议出让土地中的遗留问题处理完毕，否则国土部门有权收回土地，纳入国家土地储备。将房地产开发项目资本金比例由20%提高到35%以上；发布《经济适用住房管理办法》；发布《商业银行房地产贷款管理指引》，要求严控房贷。

20世纪80年代以来我国房地产业"过渡性"的突出表现有三：

第一，房地产业的市场化体制架构逐步建立。虽然我国早就开始了房地产市场化的各种探索，但真正确立房地产市场化的转轨目标还是20世纪90年代以后的事。不仅如此，在市场化过程中，土地交易制度、居住政策、住宅交易制度、国有和集体土地的开发以及房地产金融体系等房地产业市场化体制的基本构成要素，也是经历了多次试验甚至反复才逐步确立并加以规范的。尽管这充分体现了所谓渐进式改革的根本特点，但同时也造成了房地产业各企业和其他经济主体制度环境的多变。

第二，短期政策仍对房地产业市场化的具体进程起着关键性的作用。如表2-8所示，在我国房地产业体制改革和市场化过程中，随着宏观经济形势和房地产市场的景气变化，政府周期性地采取了一系列针对性的调控政策。这种通常反周期操作的调控政策本来就是房地产业的一个重要特点，但由于期间我国经济体制和房地产业体制尚处于转轨之中，因此政府的这类短期调控政策不可避免地打上了特定时期的体制烙印，从而在实质上决定着我国房地产业市场化进程的具体进展。

第三，房地产业的成长和波动仍受到体制改革和政策变更的左右。房地产业虽然政策依赖性较为突出，但从根本上来说其成长还主要是由市场机制主导的，整个产业的波动自当有其内在的规律。由于我国房地产业的市场化进程尚未完成，房地产市场的基本架构形成不久，因此在20世纪80年代以来我国房地产业的成长和波动所受到的政策影响不仅较之国际经验要大得多，而且在绝大多数年份政府主导下的体制改革和短期政策变更实际上还直接决定了相关年份我国房地产业的景气程度。

3　房地产业对推动经济增长的贡献：理论与方法

在基于新古典经济学的现代经济增长理论中,少有对具体某个产业对经济增长贡献的讨论。即使是在发展经济学和产业经济学关于房地产业对经济增长贡献的分析中,也一直是把房地产业作为基础部门来讨论的。所谓基础部门"即便不能成为牵动经济活动的火车头,也是促进其发展的'车轮'"①,便是有关研究的经典性表述。因此,在国家和上海都把房地产业列为支柱产业的前提下,本项关于房地产业对经济增长贡献的讨论显然不能囿于上述思路。正确的选择只能是先假设房地产业如同某个制造业部门那样对经济增长有着类似火车头般重要的推动作用,然后按照产业经济学讨论此类问题的一般思路,从理论和实证两个方面揭示房地产业与经济增长关系的特点和实质,最终再回过头来判断这一假设成立与否。

考虑到房地产市场的区域性,我们把主要的实证分析放在上海房地产业与上海经济增长的关系上,本章则将主要从理论角度,阐释房地产业对经济增长推动作用的可能表现和相关分析方法。同时,以中国为例,就有关分析方法做出进一步的说明。

3.1　房地产业对国民经济的直接贡献：理论与分析方法

从产业经济学的角度来看,某个产业对经济增长的直接贡献,可以反映为该产业产出对国民经济总产出的直接影响。从统计学的角度来看,这种影响又可采取不同的统计方法加以确认。其中,目前常见的统计方法包括贡献率分析法和国民经济核算方法。另外,从政策的

---

①世界银行:《1994年世界发展报告:为发展提供基础设施》(中译本),中国财政经济出版社,1994年,第14页。

角度来说，政府也往往把税收水平当作衡量一个产业对经济增长贡献大小的重要指标。

3.1.1 房地产业对国民经济的直接贡献：贡献率方法

产业对经济增长的直接贡献可以通过所谓贡献率加以衡量。衡量某产业对经济增长贡献率的大小则主要有两种统计方法，即增长值贡献方法和增长率贡献方法。

（1）增长值贡献方法

所谓增长值贡献方法的基本思路，是通过对某产业产出增长值在国民经济总产出增长值中所占的份额大小，来判断并比较该产业对国民经济增长的贡献程度。

若我们以 GDP 表示国民经济总产出，以增加值表示各产业的产出，则增长值贡献方法可用公式表示。设当期 GDP 为 GDP_t，上期 GDP 为 GDP_{t-1}，国民经济有 n 个产业，第 i（$i=1$，2，3……n）个产业的当期增加值为 P_{it}，上期增加值为 P_{it-1}。则该产业对 GDP 增长的贡献率 α_i 的计算公式为：

$$\alpha_i = \left(\frac{P_{it} - P_{it-1}}{GDP_t - GDP_{t-1}} \right) \times 100\% \qquad (3-1)$$

α_i 值越大，表明该产业在整个 GDP 增长值中的比重越高，显示该产业对 GDP 增长的贡献率越大，反之则越小。

我们采用这一公式，计算了 1998～2003 年我国房地产业历年对 GDP 增长的贡献率，结果如表 3-1 所示。而如果我们把 1998～2003 年作为一个时期的话，那么这一时期我国 GDP 增长了 39 045 亿元，同期我国房地产业增加值增长了 925 亿元，则这一时期房地产业对我国 GDP 增长的贡献率便为 2.4%。显然，至少到 2003 年为止，房地产业对我国 GDP 增长的贡献率较小。

1998～2003 年我国房地产业对 GDP 增长的贡献率 表 3-1

年份	GDP（亿元）	当年 GDP 增长额（亿元）	房地产业增加值（亿元）	当年房地产业增加值增长额（亿元）	贡献率（%）
1998	78 345.2	3 882.6	1 452.6	193.8	5.0
1999	82 067.5	3 722.3	1 528.4	75.8	2.0
2000	89 468.1	7 400.6	1 690.4	162.0	2.2
2001	97 314.8	7 846.7	1 885.4	195.0	2.5
2002	105 172.3	7 857.5	2 098.2	212.8	2.7
2003	117 390.2	12 217.9	2 377.6	279.4	2.3

资料来源：《中国统计年鉴（2005）》。

（2）增长率贡献方法

所谓增长率贡献方法的基本分析思路，是通过就某一产业的产出增长对国民经济总产出增长率的贡献程度，来判断其对国民经济增长的贡献大小。其推导过程如下：

设国民经济中共有 n 个产业部门，第 i 产业部门的总产出为 V_i，则国民经济的总产出 V 为：

$$V = \sum_{i=1}^{n} V_i$$

则国民经济总产出的的增长率 G_v 为：

$$V = \frac{\Delta V}{V}$$

$$= \frac{\sum_{i=1}^{n} \Delta V_i}{V} = \frac{\sum_{i=1}^{n} \Delta V_i}{\sum_{i=1}^{n} V_i}$$

$$= \frac{\sum_{i=1}^{n} \Delta V_i}{V} = \frac{\sum_{i=1}^{n} \Delta V_i}{\sum_{i=1}^{n} V_i}$$

$$= \sum_{i=1}^{n} \frac{\Delta V_i}{V_i} \frac{V_i}{V}$$

$$= \sum_{i=1}^{n} \rho_i G_{vi} \tag{3-2}$$

式中，ρ_i 为第 i 产业部门在国民经济总产出 V 中的比重，G_{vi} 为第 i 产业部门的增长率。

若我们以 GDP 表示总产出，则由上式可得，某一产业对 GDP 的增长贡献率 β_i 为：

$$\beta_i = \rho_i G_{vi} \tag{3-3}$$

也就是说，某一产业对 GDP 增长的贡献率即为该产业增加值的增长率乘以该产业在GDP 中所占比重。

为了以示区别，产业经济学界往往把根据增长率贡献方法计算的产业对经济增长的贡献程度称之为"增长拉动率"，即拉动经济增长多少个百分点；而将根据增长值贡献方法计算的产业对经济增长的贡献程度称之为"增长贡献率"，即对经济增长部分贡献了多少个百分点。

我们采用拉动率公式（式3-3），计算了1998~2003年房地产业对我国 GDP 增长的拉动率，结果如表 3-2 所示。显然，1998～2003 年间，历年房地产业对我国 GDP 增长的拉动率虽有所提高，但都只在 0.2% 左右，其贡献实在很小。

1998～2003 年间历年房地产对我国 GDP 增长的拉动率（单位：%）　　　表 3-2

	1998	1999	2000	2001	2002	2003
房地产业增加值增长率	7.7	5.9	7.1	11.0	9.9	9.8
房地产业在GDP中的比重	1.86	1.85	1.90	1.94	1.99	2.04
拉动率	0.1	0.11	0.13	0.21	0.20	0.20

资料来源：《中国统计年鉴（2005）》。

3.1.2 国民经济核算方法

国民经济核算是通过一系列科学的核算原则和方法描述国民经济各个方面的基本指标的统计方法。国民经济核算体系的核心，乃是所谓 GDP 核算。由 GDP 等于各行业增加值之和这一国民经济核算的最基本公式，便引出了运用国民经济核算方法进一步分析各产业对 GDP 的贡献及其特征的可能性。其基本方法有三：

（1）生产法

生产法是从生产的角度衡量所有常住单位在核算期内新创造的价值，是国民经济各行业在核算期内新创造的价值和固定资产的转移价值的总和，也即国民经济各行业增加值的总和。用公式表示为：

$$某产业的增加值 ＝ 该产业的总产出 － 该产业的中间消耗$$

$$国内生产总值（GDP）＝\sum 各产业增加值$$

从生产法角度来说，评价某个产业对 GDP 贡献程度的基本思路，是以该产业增加值在 GDP 中的比重来反映该产业在 GDP 中的地位。比重越高，自然地位越重要，对 GDP 的贡献越大。反之则越小。

例如，表 3-2 显示，1998～2003 年间，房地产业在我国 GDP 中所占的比重虽然呈上升态势，但也只是在 2% 左右。这表明，至少到 2003 年底，房地产业在我国 GDP 中的比重尚小，其对我国经济增长的贡献并不突出。

（2）收入法

收入法也称分配法，是从生产过程创造收入的角度，根据生产要素在生产过程中应得的收入份额以及因从事生产活动向政府支付的份额的角度来反映最终成果的一种计算方法。按照《中国国民经济核算体系（2002）》的规定，GDP 由全国各行业汇总的劳动者报酬、生产税净额（生产税－生产补贴）、固定资产折旧和营业盈余四部分组成。根据收入法计算某一产业增加值的基本公式为：

$$某一产业的增加值 = 营业盈余 + 固定资产折旧 + 劳动者报酬 + 生产税净额$$

式中，增加值是核算期内的新增价值与固定资产的转移价值之和；劳动者报酬是从事生产活动的机构单位以工资、薪金等形式向参与生产过程的劳动者支付的报酬；生产税净额是机构单位向政府部门缴纳的生产税扣除其从政府部门获得的生产补贴之后的差额；固定资产折旧是为弥补生产活动中的固定资产损耗而提取或虚拟计算的固定资产转移价值；营业盈余是机构单位从事生产活动形成的结余，它是生产账户的平衡项，等于增加值减去劳动者报酬、生产税净额和固定资产折旧后的差额。

实际上，运用收入法计算的一个产业的增加值，与其说反映的是某个产业对 GDP 的贡献，还不如说揭示了某个产业对 GDP 产生影响的某些方面的特征。也就是说，通过对由收入法所揭示的产业增加值构成及其变化的分析，可以就产业增加值及其变化的特征做出相应的归纳，从而或许能够更为具体地反映产业增加值对 GDP 影响的某些特征。例如，我们根据《上海统计年鉴（2004）》所刊载的上海市投入产出表，计算了 2002 年上海房地产业的增加值构成。如表 3-3 所示，在 2002 年上海房地产业增加值中，固定资产折旧所占比例最大，其余三项的比例则较为接近。

2002 年上海房地产业增加值构成（收入法） 表 3-3

	金额（亿元）	比重（%）
固定资产折旧	113.11	30.3
劳动者报酬	89.17	23.9
生产税净额	81.08	21.7
营业盈余	90.27	24.2
合计	373.63	100.0

资料来源：《上海统计年鉴（2004）》。

（3）支出法

支出法也称使用法，顾名思义，是从最终使用的角度衡量核算期内生产的所有货物和服务的去向。按照《中国国民经济核算体系（2002）》的规定，根据支出法计算，GDP 由居民消费、政府消费、固定资本形成总额、存货增加以及货物和服务的净出口（出口减进口后的差额）五项组成。按照支出法计算某一产业增加值的公式为：

$$某一产业增加值 = 该产业的资本形成总额 + 最终消费 + 净流出$$

式中，资本形成总额是本部门投资于生产资产形成的资本，包括固定资本形成总额和存货增加；最终消费则是可支配总收入中用于消费的部分，该项目只适用于住户部门和政府部门，因为只有这两个部门才有最终消费；净流出是指该产业的出口减进口后的差额。

与收入法一样，运用支出法计算一个产业的增加值也是为了从财富使用的角度揭示该产业对 GDP 影响的某些特征。按照国民经济核算办法，居民的购房和建房支出当计入资本形成项，房地产业的最终消费主要是指包括租房支出、房地产交易费用和物业管理费用在内的各项房地产维持、交易和租赁的费用。表 3-4 列出了根据支出法计算的 1997 年我国房地产业增加值的构成。

表 3-4   1997 年我国房地产业增加值构成（支出法）

	金额（亿元）	比重（%）
最终消费	1 076.2283	85.21
资本形成总额	186.87	14.79
净流出	—	—
合计	1 263.098 3	100.00

资料来源：www.iochina.org.cn/touruchanchubiao.htm。

如表 3-4 所示，1997 年我国房地产业最终消费占 85.21%，资本形成占 14.79%，充分显示了 1997 年我国房地产业的开发和交易规模较小，这与当时我国房地产业的发展阶段无疑是相吻合的。

3.1.3 房地产业的税收贡献

相对于多数产业来说，房地产业一直是大多数市场经济体制国家政府财政收入的重要来源之一。也正因为如此，房地产业对政府税收的贡献也常常被当成是其对国民经济增长做出贡献的重要表现。大量观察更是表明，在我国许多地区，获得更多的税收似乎还是这些地区政府鼓励房地产业发展的重要原因。

房地产税收通常可分为房地产取得税类、房地产保有税类和房地产流转税类三部分。目前大多数市场经济体制国家和地区的房地产税收体系具有两个共同特点：第一，在税种设计方面"重保有、少流通"。即从税收的分布结构来看,重视对房地产保有阶段的征税,而在房地产权属转让方面设计的税种则相对较少。这样的税种结构极大地鼓励了不动产的正常流转,很好地调控了市场供求关系。第二,在税负水平方面坚持"宽税基、少税种、低税率"的原则。所谓"宽税基"是指在海外国家和地区,除了对公共、宗教、慈善等机构的不动产实行免税措施外,凡拥有或占有不动产者均要向政府缴纳房地产税,为房地产税收入提供了稳定充足的物质基础。"少税种"是指有关房地产税的税类较少。这样,既可以避免因税种复杂而导致重复征税等税负不公现象的发生,又可以降低税收征管的成本,提高税收效率。"低税率"是指各税种的税率普遍水平都不高,从而减少了纳税人的心理恐惧。这样,海外国家和地区的房地产税虽然税率不高,却能在税基较宽、征收效率较高的条件下,创造相对稳定和丰厚的财政收入。

据有关统计资料显示,在经济发达国家和地区,房地产业提供的财政收入一般占政府财政收入的10%~40%。美国课于房地产的税收与年俱增,早在20世纪50年代就成了财政收入的重要来源之一,1960年为120亿美元,1971年达6 950亿美元,1986年房地产税收占总税收的比重达7.4%,占地方政府税收的比重达14.3%。1981年香港的房地产业向当局提供的财政收入达170亿港元,占当年财政收入总额的48%。[①]

房地产税收涉及的纳税人范围较广,既有房地产开发经营企业、中介机构,又包括各类房地产持有人和交易者。1994年税制改革以来,我国在房地产业的各个环节存在着不同的相关税种,主要有:①房地产开发过程中涉及的各项税收,包括耕地占用税、土地使用税、印花税、固定资产投资方向调节税(已从2000年开始暂停征收)、营业税、城市维护建设税、企业所得税等;②房地产交易过程中涉及的税收,包括契税、印花税、土地增值税、企业所得税(或个人所得税)、营业税、城市维护建设税等;③房地产静态保有中涉及的各项税收,包括房产税、城镇土地使用税、城市房地产税等;④在房地产出租时涉及的税收,包括营业税、房产税、城市维护建设税、印花税、土地使用税等。除上述各环节的税收外,涉及房地产业的各种收费项目更是名目繁多。

由于缺乏足够的统计资料,我们还无从准确判断房地产业对我国各级政府的税收贡献。不过,从政府公开的统计数据来看,我国房地产业的税收贡献似乎是不小的(参见表3-5)。

---

①张洪力:《房地产经济学》,机械工业出版社,2004年,第16页。

	国家财政收入		
	合计	中央	地方
一、各项税收	20 017.31	11604.04	8 413.27
消费税	1 182.26	1 182.26	—
增值税	7 236.54	5 425.55	1 810.99
营业税	2 844.45	76.89	2 767.56
进口产品消费税、增值税	2 788.59	2 788.59	—
资源税	83.30	—	83.30
城市维护建设税	550.01	3.30	546.71
企业所得税	2 919.51	1 740.71	1 178.80
个人所得税	1 418.04	850.79	567.25
城镇土地使用税	91.57	—	91.57
其他各税	491.49	—	491.49
关税	923.13	923.13	—
船舶吨税	9.38	9.38	—
农业税	423.82	—	423.82
契税	358.05	—	358.05
耕地占用税	89.90	—	89.90
外贸企业出口退税	-1 988.59	-1 988.59	—
证券交易印花税	127.70	123.87	3.83
车辆购置税	468.16	468.16	—
二、企业亏损补贴	-226.38	-32.34	-194.04
三、征收排污费和城市水资源费收入	93.40	—	93.40
四、其他收入	1 598.53	291.73	1 306.80
五、教育费附加收入	232.39	1.84	230.55

资料来源：《中国统计年鉴（2004）》。

3.2 房地产业对经济增长的间接贡献：产业关联效应

现代产业经济学认为，在国民经济体系中，任何一个产业都存在着与其他产业的关联，这种关联实质上表现为各产业之间互动的供求关系。因此，任何产业的产出增长都会对其他产业产生影响，进而间接影响着国民经济的增长。

3.2.1 房地产业的产业关联效应

众所周知，各构成国民经济的产业体系中，各产业既是中间投入和最终消费品的供给者，又是其他投入物的需求方。如果我们只考虑各产业经济活动的中间投入部分，而不考虑最终消费部分，那么作为供给者，每一个产业通过向其他产业提供相关投入物，显示其他产业对其不同程度的依赖性；作为需求者，它则通过对其他产业的产品和服务的投入需求，表明它对其他产业的不同程度的依赖性。这种相互依赖性的程度和特点，便构成了整个产业关联体系中每一个产业的具体地位及产业关联性。

一般而言，任何一个产业的产业关联性可分为三种：①前向关联，它是指某一产业与将其产品和服务作为生产投入物的产业之间的经济技术联系。如房地产业与商业零售业之间的关联关系。②后向关联，它是指某一产业与向该产业提供生产投入物的产业之间的经济技术联系。如房地产业与建筑业之间的关联关系。③环向关联，它是指由多个产业组成的彼此呈前后向关联关系的环形产业链。如房地产业向建筑机械工业提供了必需的生产用地、厂房和办公设施，建筑机械工业向建筑业提供了必需的建筑机械，建筑业又向房地产业提供了建筑产品和服务，从而构成了各环节之间关联程度各异的环形产业链——房地产业→建筑机械工业→建筑业→房地产业。因此，所谓产业关联效应，一般可分作前向关联效应、后向关联效应和环向关联效应加以考察。

另一方面，如果从推动经济增长的立场来看，各产业通过产业关联对其他产业经济增长的推动效应则可分为回顾效应、前瞻效应和旁侧效应。①回顾效应，它是指某产业对为其提供投入物产业（即后向关联产业）的经济增长的刺激作用；②前瞻效应，它是指某一产业对以其为投入物的产业或与对其的投入和消费有关的其他产业经济增长的诱导作用；③旁侧效应，它指的是某产业经由复杂的产业关联所最终导致的对国民经济整体上的影响。

如前所述，房地产业是指从事房地产开发、建设、经营、租赁及维修等活动的经济部门，其涉及房地产的生产、流通和消费等环节。因此从总体上来说，房地产业的关联效应是极其复杂的。若分别就其三个环节而言，则其产业关联效应在理论上可概述为：

54

第一，生产环节显示的产业关联效应。房地产业的生产性功能体现在其参与了勘察、设计、规划和土地开发等经济活动，在此类生产性经济活动中，与建材工业、房屋设备工业、建筑机械工业和冶金、化工、森工、建筑、电子、仪表、通讯等生产资料生产部门关系密切。其中，仅房地产开发建设中所需要的建筑材料，就有23大类、1 558个品种，涉及建材、冶金等50多个部门①。

第二，流通环节显示的产业关联效应。房地产业的流通功能体现在房地产作为一种商品在流通领域出售。在该环节，房地产经营业、房地产经济与代理业的企业是主要活动单位，这些企业以提供商品及服务为主。房地产作为商品，其需求与金融业具有很大关联。

第三，消费环节显示的产业关联效应。在房地产的消费过程中，各类装潢公司、物业管理公司等在房地产的消费环节中承担维修、改造、保养、装饰等生产任务，提供售后维修和各种物业管理服务。在这类房地产业企业提供服务的过程中，需要各种生产资料，因而，房地产业还涉及家用电器、纺织、家具等工业部门。

若换从对经济增长的推动作用来看，则房地产业的关联效应在理论上可表示为三种形式（参见图3-1）：①回顾效应，即对建筑、钢铁、建筑材料、机械、仪表、化工等上游产业发展的带动作用；②前瞻效应，即对金融、室内装潢、城市基础设施建设、家用电器、家具、办公设备、商业零售、餐饮等产业发展的诱导作用；③旁侧效应，即对国民经济各部门资源改善配置效率的推动作用。

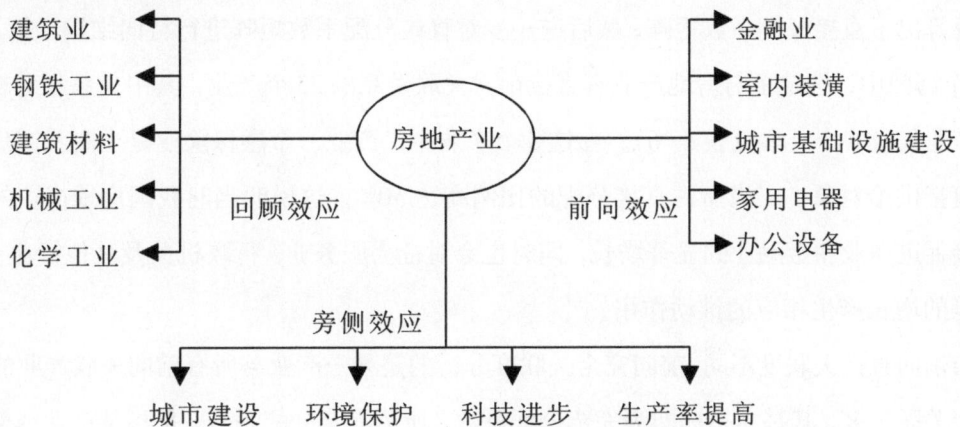

图3-1 房地产业的关联效应

---

①谢经荣：《房地产经济学》，中国人民大学出版社，2002年，第19页。

3.2.2 前向关联度与后向关联度分析方法

现代产业经济学分析产业前向关联效应和后向关联效应的基本方法即是所谓前向关联度和后向关联度分析方法。无论是前向关联度还是后向关联度，均可分别进一步细分为直接关联度和完全关联度。

（1）前向关联度分析

前向关联度分析的是房地产业与将其产品和服务作为投入物的产业的关联程度，由此可进一步揭示房地产业的增长对这些前向关联产业经济的影响。前向关联度分析具体所考察的则是国民经济各产业的生产过程中直接或间接消耗房地产业提供的产品和服务的程度，并可分作前向直接关联度和前向完全关联度两方面。

前向直接关联度分析的基本指标是直接分配系数。它是指某产业或部门每一个单位的最终产值向另一个产业或部门提供的直接分配量，是反映某产业因直接分配最终产值而对其他产业产生推动或影响作用的指标。公式如下：

$$直接分配系数 \ r_{ij} = \frac{x_{ij}}{X_i} \ (i \ , j = 1,2,3 \cdots\cdots n)$$

$$直接分配系数矩阵 \ R = (r_{ij})_{n \times n}$$

直接分配系数越大，说明某产业对前向关联产业的直接供给越大，产业的前向直接关联度也越大，亦即反映了国民经济其他产业对房地产业的需求越大。

例如，刘水杏根据1997年中国投入产出表中40个部门的直接消耗系数矩阵、价值流量数据计算出了直接分配系数矩阵，然后进一步对直接分配系数矩阵进行行向结构分析，结果在40个部门中，选定了与房地产业有直接前身关联关系的23个产业，其中关系相对较为密切的产业仅有8个（参见表3-6）。在这8个产业中，商业、金融保险业是当时我国房地产业的直接供给对象，二者所占直接分配的比例高达50%。这说明当时我国房地产业的增长会直接促进商业和金融业的显著增长，同时也会对社会服务业、行政机关及其他行业、化学工业等的增长产生相应的推动作用。[1]

与前向直接关联度不同，前向完全关联度分析的是某一产业与所有前向关联产业的直接和间接关联程度，其基本指标即为完全分配系数。所谓完全分配系数，是指某产业或部门每

---

[1]刘水杏：《我国房地产业与国民经济其他产业的关联度分析》，《上海市经济管理干部学院学报》，第1卷第4期，2003年11月。

一个单位的最终产值向另一个产业或部门提供的完全分配量（直接分配＋间接分配）。它是反映某产业因完全分配最终产值而对其他产业产生推动或影响作用的指标。完全分配系数公式如下：

$$完全分配系数矩阵 D = (I - R)^{-1} - I$$

式中，$(I - R)^{-1} - I$ 即为里昂惕夫逆矩阵。完全分配系数越大，产业的前向完全关联度越大，说明一个产业对另一个产业的供给推动作用越大。

1997 年我国房地产业的主要前向直接关联产业与前向直接关联度　　　　表 3－6

产业名称	产业代码	房地产业直接分配系数	房地产业直接分配系数结构比例	直接分配系数结构比例累加	前向直接关联度排序
商业	30	0.080 0	0.257 7	0.257 7	1
金融保险业	33	0.073 2	0.242 0	0.499 9	2
社会服务业	35	0.035 4	0.117 2	0.616 8	3
行政机关及其他行业	40	0.027 4	0.090 6	0.707 5	4
化学工业	12	0.007 9	0.026 2	0.733 7	5
房地产业	34	0.006 0	0.019 8	0.753 5	6
电子通信及设备制造业	19	0.005 4	0.017 9	0.771 4	7
电器机械及器材制造业	18	0.005 1	0.017 0	0.788 4	8

刘水杏在同一项研究中，根据1997年中国投入产出表中40个部门的完全消耗系数表和总产出数据，计算出了完全分配系数表，并在40个部门中选定了房地产业与之有着前向关联的39产业，其中关系密切的产业有15个（参见表3-7）。在这15个产业中，商业、金融保险业、社会服务业、建筑业、化学工业、行政机关及其他行业等6个产业与房地产业的前向完全关联尤为密切，它们在房地产业完全供给总量中占了几乎一半的份额。[①]

[①]刘水杏：《我国房地产业与国民经济其他产业的关联度分析》，《上海市经济管理干部学院学报》，第1卷第4期，2003年11月。

产业名称	产业代码	房地产业的完全分配系数	房地产业完全分配系数结构比例	完全分配系数结构比例累加	前向完全关联度排序
商业	30	0.113 6	0.143 7	0.143 7	1
金融保险业	33	0.086 5	0.109 5	0.253 2	2
社会服务业	35	0.051 4	0.065 0	0.318 2	3
建筑业	27	0.051 1	0.064 6	0.382 8	4
化学工业	12	0.048 9	0.061 8	0.444 6	5
行政机关及其他行业	40	0.040 9	0.051 7	0.496 4	6
农业	1	0.031 1	0.039 4	0.535 7	7
食品制造及烟草加工业	6	0.028 8	0.036 4	0.572 2	8
非金属矿物制造业	13	0.027 4	0.034 7	0.606 8	9
机械工业	16	0.025 4	0.032 1	0.639 0	10
纺织业	7	0.025 1	0.031 8	0.670 7	11
电器机械及器材制造业	18	0.023 0	0.029 1	0.699 8	12
电子及通信设备制造业	19	0.022 7	0.028 8	0.728 5	13
金属制品业	15	0.020 0	0.028 1	0.756 6	14
金属冶炼及压延加工业	14	0.022 1	0.028 0	0.784 5	15

（2）后向关联度分析

后向关联度是指某一产业与向该产业提供生产投入物的产业之间的关联程度，由此可进一步揭示房地产业的增长对这些后向关联产业经济的影响。后向关联度分析具体所考察的是房地产业直接或间接消耗国民经济各产业的产品和服务的程度,可分作后向直接关联度和后向完全关联度两方面。

后向直接关联度分析的基本指标是直接消耗系数。它是指某一个部门在生产经营过程中单位总产出所直接消耗各部门的货物或服务的数量,全部直接消耗系数组成的矩阵为直接消耗系数矩阵。公式如下:

$$直接消耗系数 \ a_{ij} = \frac{x_{ij}}{X_j} \ (i, \ j = 1, 2, 3 \cdots\cdots n)$$
$$直接消耗系数矩阵 \ A = (r_{ij})_{n \times n}$$

式中,j 表示第 j 产业对第 i 产业的直接消耗值,x_j 表示第 j 产业的总产值。直接消耗系数越大,说明某产业对后向关联产业的直接需求越大,产业的后向直接关联度也越大。

根据刘水杏的研究,1997 年我国投入产出表中有 36 个部门与房地产业有着后向直接关联关系,其中与房地产业后向直接关联较为密切的行业有 10 个(参见表 3-8)。这 10 个产业在房地产业直接消耗总量中所占的比重高达 79%,特别是金融保险业、建筑业、非金属矿物制造业所占的比例之和超过了 51%,显示了当时我国房地产业对这三个产业的较大依赖性。换言之,当时我国房地产业的增长对这三个产业的直接推动最为显著。[①]

与后向直接关联度不同,后向完全关联度分析的是某一产业与所有后向关联产业的直接和间接关联程度,其基本指标即为完全消耗系数。所谓完全消耗系数,是指某一部门每提供一个单位的最终产品,需要直接和间接消耗(即完全消耗)各部门的产品或服务数量。完全消耗系数是全部直接消耗系数和全部间接消耗系数之和。

$$完全消耗系数矩阵 \ B = A(I - A)^{-1}$$

式中,A 为直接消耗系数矩阵,$(I - A)^{-1}$ 为完全需求系数矩阵。完全消耗系数越大,说明某产业对后向关联产业的总需求(完全需求)越大,产业的后向完全关联度也越大,产业增长对所有后向关联产业的推动作用也就越明显。

刘水杏在同项研究中,也计算了 1997 年我国房地产业的后向完全关联系数矩阵。结果表明,当年我国与房地产业有完全关联关系的产业共有 39 个,其中关联较为密切的产业有 17 个,其所占房地产业完全消耗总量的比重为 77%(参见表 3-9)。在这 17 个产业中,非

[①]刘水杏:《我国房地产业与国民经济其他产业的关联度分析》,《上海市经济管理干部学院学报》,第 1 卷第 4 期,2003 年 11 月。

金属矿物制造业、金融保险业、建筑业、化学工业、社会服务业、金属冶炼及压延加工业和商业等与房地产业的完全关联更为密切，其占房地产业完全消耗总量的份额为49%。

1997 年我国房地产业与后向关联度较大的产业及直接关联度 　　　　表 3-8

产业名称	产业代码	房地产业的直接消耗系数	房地产业直接消耗系数结构比例	直接消耗系数结构比例累加	后向直接关联度排序
金融保险业	33	0.046 1	0.191 2	0.191 2	1
建筑业	27	0.038 9	0.161 6	0.352 9	2
非金属矿物制造业	13	0.038 9	0.161 5	0.514 3	3
社会服务业	35	0.021 1	0.087 7	0.602 0	4
电器机械及器材制造业	18	0.009 0	0.037 3	0.639 3	5
商业	30	0.008 7	0.035 9	0.675 3	6
其他制造业	22	0.008 0	0.033 2	0.708 5	7
造纸印刷及文教用品制造业	10	0.006 9	0.028 7	0.737 3	8
饮食业	31	0.006 7	0.027 9	0.765 2	9
房地产业	34	0.006 0	0.025 0	0.790 0	10

1997 年我国房地产业与后向关联度较大的产业及完全关联度 　　　　表 3-9

产业名称	产业代码	房地产业的完全消耗系数	房地产业完全消耗系数结构比例	完全消耗系数结构比例累加	后向完全关联度排序
非金属矿物制造业	13	0.065 8	0.105 0	0.105 0	1
金融保险业	33	0.058 9	0.094 1	0.199 1	2
建筑业	27	0.042 6	0.068 0	0.267 1	3
化学工业	12	0.040 7	0.065 0	0.332 2	4
社会服务业	35	0.035 4	0.056 5	0.388 6	5
金属冶炼及压延加工业	14	0.032 4	0.051 7	0.440 3	6

表 3-9(续)

产业名称	产业代码	房地产业的完全消耗系数	房地产业完全消耗系数结构比例	完全消耗系数结构比例累加	后向完全关联度排序
商业	30	0.031 1	0.049 7	0.490 0	7
机械工业	16	0.023 5	0.037 6	0.527 6	8
造纸印刷及文教用品制造业	10	0.022 2	0.035 5	0.563 1	9
电器机械及器材制造业	18	0.021 6	0.034 6	0.597 7	10
电力及蒸汽热水生产和供应业	24	0.018 7	0.029 9	0.627 5	11
农业	1	0.017 4	0.027 7	0.655 3	12
金属制品业	15	0.016 6	0.026 4	0.681 7	13
煤炭采选业	2	0.015 3	0.024 6	0.706 1	14
石油加工及炼焦业	11	0.015 2	0.024 3	0.730 4	15
货物运输及仓储业	28	0.015 1	0.024 0	0.754 5	16
电子通信设备制造业	19	0.015 0	0.023 9	0.778 4	17

3.2.3 影响力与感应度系数分析方法

如上所述,在产业关联体系中,任何一个产业的产出变化都会通过直接和间接的产业关联对其他产业产生影响。理论上把某一产业受其他产业产出变化的波及作用称为感应度,而把该产业产出变化对其他产业的波及作用称为影响力。所谓影响力与感应度分析方法,就是在综合上一节前向和后向关联分析的基础上,运用产业影响力系数和感应度系数两个指标,在总体上判断某一产业产出变化对整个国民经济的影响,以及国民经济产出的变化对该产业的影响。

所谓影响力系数,是指当国民经济中某一产业增加一个单位最终使用时,对国民经济各部门所产生的生产总需求波动及程度。计算公式为:

$$某产业的影响力系数 \quad KB(j) = \frac{该产业在里昂惕夫逆矩阵中的列系数均值}{全部产业在里昂惕夫逆矩阵中的列系数均值的平均值}$$

$$= n\left(\sum_{j=1}^{n} q_{ij}\right)\bigg/\left(\sum_{i=1}^{n}\sum_{j=1}^{n} q_{ij}\right) j = 1,\ 2,\ 3\cdots\cdots n)$$

式中，q_{ij} 为里昂惕夫逆矩阵 $(I-A)^{-1}$ 的元素。如果影响力系数大于 1，表明该行业对其他行业产出的影响力超过全部行业的平均水平，反之则低于全部行业的平均水平。

所谓感应度系数，则是指国民经济中各个部门增加一个单位最终使用时，某一部门由此而受到的需求感应程度，也就是需要该部门为其他部门的生产而提供的产出量。计算公式为：

$$\text{某产业的感应度系数 } KF(i) = \frac{\text{该产业在里昂惕夫逆矩阵中的行系数均值}}{\text{全部产业在里昂惕夫逆矩阵中的行系数均值的平均值}}$$

$$= n\left(\sum_{j=1}^{n} q_{ij}\right)\bigg/\left(\sum_{i=1}^{n}\sum_{j=1}^{n} q_{ij}\right) i = 1,\ 2,\ 3\cdots\cdots n)$$

如果感应度系数大于 1，表明该行业产出受到其他行业的波及效应超过了全部行业的平均水平，反之则低于全部行业的平均水平。

在产业经济学中，影响力系数分析方法是最常见的一种评价某一产业对经济增长间接贡献程度的方法。而感应度系数分析方法则是最常见的一种评价经济增长对某一产业影响程度的方法。

例如，根据日本总务厅所编的 1990 年日本投入产出表，有关学者计算出当年日本经济中各产业的影响力系数和感应度系数。其中，当年日本房地产业的影响力系数为 0.6684，在所有 32 个产业中排名最后；当年日本房地产业的感应度系数为 0.8627，在所有 32 个产业中名列第 16 位（参见表 3—10）。

日本 1990 年各产业的影响力系数和感应度系数　　　　　　　　　　表 3—10

产业名称	感应度	影响力	产业名称	感应度	影响力
农林水产业	0.958 3	0.899 6	建筑业	0.764 6	1.043 4
矿山采掘业	0.688 5	0.945 5	电力煤气蒸汽业	1.014 0	0.810 8
食品加工业	0.806 8	1.105 0	供水和垃圾处理	0.639 7	0.813 2
纤维工业	0.862 1	1.137 4	商业	1.645 3	0.789 7
纸浆造纸业	1.471 9	1.145 4	金融保险业	1.355 2	0.785 8

表 3-10(续)

产业名称	感应度	影响力	产业名称	感应度	影响力
化学工业	1.503 5	1.148 8	房地产业	0.862 7	0.668 4
石油煤炭制品业	0.938 6	0.732 3	交通运输业	1.609 0	0.963 6
陶瓷制品业	0.759 1	0.979 1	广播通信业	0.809 1	0.762 5
钢铁工业	1.782 2	1.396 9	国家公务业	0.563 6	0.811 0
有色金属业	0.965 4	1.056 2	教育与科学研究	0.890 6	0.758 6
金属制品业	0.847 0	1.120 4	医疗与社会保健	0.531 5	0.937 7
一般机械制造业	0.831 7	1.148 9	其他公共服务业	0.568 1	0.854 5
电气机械制造业	1.017 2	1.175 8	对事务所服务业	2.196 8	0.937 9
运输机械制造业	1.055 8	1.444 7	私人服务业	0.620 8	0.882 1
精密机械制造业	0.621 4	1.048 2	事务用品	0.596 1	1.525 8
其他制造业	1.536 6	1.098 3	不宜分类的产业	0.686 3	1.072 2

资料来源：铃木多加史：《日本的产业结构》，日本中央经济社，1995年，第145～146页。

3.3 房地产业的就业效应

充分就业乃是现代市场经济体制国家政府宏观经济政策的基本目标之一。如果一个产业创造的就业机会较多，那么在此意义上也可以说该产业对经济增长的贡献较大。因此，对就业效应的分析，有时也成为判断某个产业对经济增长贡献程度的一个重要方面。

3.3.1 房地产业的就业效应：理论与方法

房地产虽然属于高资本价值物品，但是房地产业的绝大多数生产和交易活动并不是机械所能从事的，而需要有大量的人力投入。

从理论上来说，房地产业的就业效应可以分为直接就业效应和间接就业效应两类。前者主要是指房地产业的增长所直接创造的在房地产业内的就业机会，后者是指由产业的关联效应所致，房地产业的经济增长导致了其他相关产业的就业增加。

在理论上，可供分析房地产业就业效应的基本方法大致包括如下几种：

（1）劳动力投入系数分析方法

所谓劳动力投入系数，是指 行业每一个货币单位产出平均对应的劳力数。用公式表示为：

$$各行业劳动力投入系数 l_j = \frac{L_j}{X_j}$$

式中，L_j 为行业 j 的就业者人数。

（2）边际劳动力投入系数分析方法

所谓边际劳动力投入系数，是指 j 行业每增加一个产出货币单位时，本行业需要直接增加的劳力数。用公式表示为：

$$各行业边际劳动力投入系数\ ml_j = \frac{\Delta L_j}{\Delta X_j}$$

（3）行业总体就业效应分析方法

行业就业效应分析方法是迄今为止唯一一种能够综合考虑直接就业效应和间接就业效应的分析方法。其基本思路是：如果国民经济系统增加一个货币单位的 j 行业产出作为最终使用（如消费或投资等），与之对应，需要国民经济系统增加的劳力并不只是 l_j，而是应该包括直接就业效应和间接就业效应。事实上，由于增加一个货币单位 j 行业最终使用，导致国民经济各个行业部门分别增加产出 b_{1j}、b_{2j} ……$1+b_{jj}$、b_{nj}，每个产出都对应该行业的劳力增量，从而各个行业的劳力增量之和就是增加一个货币单位 j 行业最终使用导致的整个国民经济系统劳力的增加。用公式表示为：

$$j行业的就业效应\ e_j = ml_1 b_{1j} + ml_2 b_{2j} + \cdots\cdots + ml_j(1+b_{jj}) + \cdots\cdots + ml_n b_{nj}$$

（4）就业的产出弹性分析方法

所谓就业总产值弹性，是指产业的就业人口增长率与产业的产出增长率的比值。其中，产出指标可以采用增加值指标，也可以采用诸如销售收入、产值等指标。用公式表示为：

$$行业的就业增加值弹性 = \frac{\Delta L_j}{\Delta z_j} \frac{z_j}{L_j}$$

式中，z_j 是指行业 j 的产出。如果就业的产出弹性大于 1，表明行业经济增长不仅导致了行业就业人口的增长，而且就业人口的增长率还高于行业产出的增长率。如果就业的产出弹性小于 1，表明虽然行业的经济增长使行业就业人口增加，但是就业人口的增长速度慢于行业产出的增长速度。如果弹性值为 1，那就表明行业的就业人口增长率与行业产出增长率保持同步。

另外需要特别指出的是，与国民经济大多数产业相比，房地产业的就业效应有着一个较为突出的特点，那就是房地产业就业人口的流动速度常常显著高于其他产业。具体来说，大多数产业就业人口的流动通常受到产业和企业景气程度、劳动力市场价格和劳动力市场的竞争程度的影响。对于房地产业的就业来说，除了这三方面因素的影响外，由房地产开发和经营的特定模式所致，在一项房地产项目开发完成之后，开发商并不必然继续从事房地产的开发经营活动，甚至也难说大部分开发商是否会选择继续从事新的房地产的开发经营。原因主要有二：

第一，房地产项目的开发经营周期较短。由于大多数房地产的开发过程都是以房地产的出售为终结的，一旦某个房地产项目售出以后，开发商在该项目上的经营活动便告终结。这样，在继续开发新的房地产项目和退出房地产业之间，开发商也就有了可以选择的余地。就理论而言，开发商选择的主要依据自然是获得最大的经济收益。但问题也就在于，由于几乎不存在什么退出障碍，加之新的房地产项目的可得性，以致究竟是继续从事新的房地产开发项目的预期收益大，还是退出转而进入其他产业的预期收益大，至少在理论上是不确定的。如果开发商选择退出，那就意味着其相当一部分雇员将失业，而不得不寻找新的工作。

第二，土地资源的稀缺性和房地产市场的空间限制。在这两项因素制约下，开发商是否有可能继续在原有区域市场内从事新的房地产项目的开发便成了疑问。如果在一个房地产开发项目完成以后，开发商选择进入其他地区的房地产市场，那么其属下的雇员显然不可能都随之迁移。这样，那些难以迁移的雇员只能选择寻找新的就业岗位。

3.3.2　房地产业的就业效应：若干观察

据统计，2002 年房地产业就业人口为 118 万人，远远少于建筑业（3 893 万人）、金融保险业（340 万人）和社会服务业（1 094 万人）。显然，从创造就业机会的绝对值规模来说，我国房地产业增长的就业效应较之这三个产业还有很大的差距。

为了进一步揭示我国房地产业的直接就业效应，我们采用就业的行业产出弹性指标，计算了 1991～2002 年我国建筑业、房地产业、金融保险业和社会服务业就业的产出弹性的变化（参见图 3-2 和表 3-11）。结果显示，1991～2002 年间，我国房地产业就业的产出弹性总体上较明显高于建筑业和金融保险业，并略高于社会服务业。不过，在这 12 年里，我国房地产业就业的产出弹性只有 4 年大于 1。这表明，我国房地产业的就业效应实际上仍不显著。

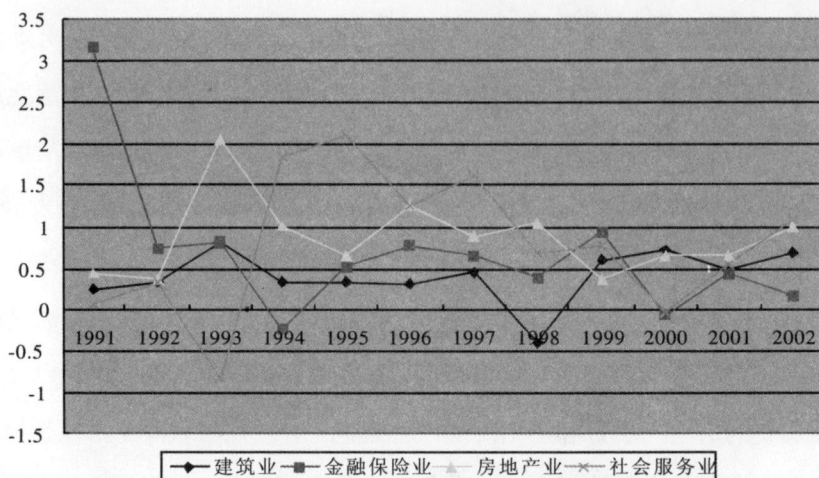

图3-2 1991~2002年我国有关产业就业的产出弹性变化

中国部分产业就业人口变化及其产出弹性（单位：%）　　　表3-11

	建筑业			金融保险业			房地产业			社会服务业		
	(1)	(2)	(3)	(1)	(2)	(3)	(1)	(2)	(3)	(1)	(2)	(3)
1991	9.6	2.4	0.25	2.3	7.3	3.17	12.0	9.1	0.44	26.8	1.7	0.06
1992	21.0	7.2	0.34	8.0	6.0	0.75	34.7	12.5	0.36	19.3	6.5	0.34
1993	18.0	14.7	0.82	10.9	8.9	0.82	10.8	22.2	2.05	18.9	−15.6	−0.83
1994	13.7	4.5	0.33	9.4	−2.2	−0.23	12.0	12.1	1.01	8.3	15.3	1.84
1995	12.4	4.2	0.34	8.5	4.5	0.53	12.4	8.1	0.65	5.8	12.3	2.12
1996	8.5	2.6	0.31	0.31	7.5	5.8	0.77	4.0	5.0	5.0	6.3	1.26
1997	2.6	1.2	1.2	0.46	8.5	5.5	0.65	4.1	3.6	7.9	8.4	1.63
1998	9.0	−3.5	−3.5	−0.39	4.9	1.9	0.39	7.7	8.0	10.6	7.2	0.68
1999	4.3	2.6	2.6	0.60	4.8	4.5	0.94	5.9	2.1	8.1	6.3	0.78
2000	5.7	4.1	4.1	0.72	6.5	−0.3	−0.05	7.1	4.6	8.7	−0.2	−0.02
2001	6.8	3.3	3.3	0.49	6.4	2.8	0.44	11.0	7.1	10.9	6.0	0.55
2002	8.8	6.1	6.1	0.69	6.9	1.2	0.17	9.9	9.8	11.2	12.1	1.08

注：（1）为增加值增长率，（2）为就业人口增长率，（3）为就业的产出弹性。

　　另外，我们还根据前述行业总体就业效应的分析原理，利用《1997年中国投入产出表》的有关数据，测算了1997年我国房地产业对金融保险业和建筑业的就业效应（参见表3-12）。结果显示，当年我国房地产业增加值每增加1万元人民币，就能促使金融保险业增加约45个就业岗位，建筑业增加近79个就业岗位，我国房地产业对建筑业的就业效应要显著高于金融保险业。当然，由于难以采集到最新的统计数据，这一分析结果也只是反映了1997年的情况，远不足以成为评价我国房地产业间接就业效应的依据。

房地产业对主要关联产业的就业效应 表3-12

产业名称	1997年投入产出表 带动效应 b_{ij}（即房地产业增加值增加一单位人民币所带动的其他产业的增值）	1997年房地产业的主要关联产业的边际劳动力投入系数 $ml_j = \frac{\Delta L_j}{\Delta X_j}$（人/万元）	1997年房地产业对主要关联产业的就业效应 $b_{ij}ml_j$（人/万元）
金融保险业	0.145	0.030 936	44.856 92
建筑业	0.094	0.084 068	79.023 99

资料来源：b_{ij} 来自王国军、刘水杏（2004），其他数据是根据《中国统计年鉴（1999）》计算而得。

4 上海房地产业经济的高速增长：表象与特征

20世纪90年代以来，上海房地产业经济一直处于高速增长之中，其对上海经济增长的贡献也逐步增强。在《上海市国民经济和社会发展第十个五年计划纲要》中，房地产业更是首度被列为上海经济增长的支柱产业。如徐匡迪在上海市十一届人大四次会议上所做的《关于上海市国民经济和社会发展第十个五年计划纲要（草案）的报告》中明确指出的那样，"十五"期间上海将"加快构筑新型产业体系。大力发展附加值高、关联带动大的信息、金融、商贸、汽车、成套设备、房地产六大支柱产业，使之成为上海经济持续增长的重要支撑；积极培育生物医药、新材料、环境保护、现代物流四大新兴产业；优化发展石化、钢铁两大基础产业；鼓励发展都市型产业；严格限制高能耗和有污染的产业，不断提高上海产业的能级和水平。"[①]"十五"期间上海房地产业的发展历程也表明，在上海经济的增长过程中，房地产业确实做出了极为重要的贡献。

4.1 20世纪90年代以来上海房地产业的经济增长与支柱地位的形成

20世纪90年代以来，上海房地产业逐步形成。在体制改革和大规模投资的拉动下，上海房地产业基本保持了高速成长态势，其对上海经济增长的贡献也日益突出，并在"十五"时期一举成为上海经济增长的支柱产业之一。

---

①徐匡迪：《关于上海市国民经济和社会发展第十个五年计划纲要（草案）的报告》，《解放日报》，2001年2月14日。

4.1.1 改革开放以来上海房地产业经济增长的历史回顾

改革开放以来，上海房地产业几乎从空白起步，经历了前所未有的高速发展。1980年，上海房地产业的增加值仅为0.36亿元，2004年，上海房地产业的增加值为622.59亿元，25年间增长了1728倍，年平均增长率高达36.4%。进一步分析表明，上海房地产业实际上启动于20世纪80年代中后期，并于90年代中期形成了较大的产业规模（参见表4-1和图4-1），迄今其整个规模扩张过程可分为四个阶段。

1980～2004年上海房地产业的GDP　　　　　　表4-1

| 年份 | GDP | | 年份 | GDP | | 年份 | GDP | |
	总量（亿元）	环比（%）		总量（亿元）	环比（%）		总量（亿元）	环比（%）
1980	0.36	109.1	1989	4.84	143.6	1998	185.40	125.7
1981	0.43	119.4	1990	3.75	77.5	1999	210.53	113.6
1982	0.48	111.6	1991	12.19	325.1	2000	251.70	119.6
1983	0.48	100.0	1992	20.48	168.0	2001	316.85	125.9
1984	0.52	108.3	1993	26.38	128.8	2002	373.63	117.9
1985	0.58	111.5	1994	39.09	148.2	2003	463.93	124.2
1986	0.53	91.4	1995	91.29	233.5	2004	622.59	134.2
1987	3.13	590.6	1996	124.26	136.1			
1988	3.37	107.7	1997	147.51	118.7			

资料来源：各相关年度《上海统计年鉴》。

第一阶段为1980～1986年。在这一阶段中，上海房地产业的规模极小，年平均增加值仅为0.48亿元，年平均增长率也只有6.7%。1986年时房地产业仅占上海GDP的0.1%，其在整个上海经济中之微不足道可见一斑。

第二阶段为1987～1990年。1987年上海房地产业增加值较上年增长了近5倍。随着这一"井喷式"增长，这一时期上海房地产业的增加值跃上了3～5亿元的台阶，年平均增加值为3.77亿元，只是增长率波动极大，1990年甚至还出现了负增长。

第三阶段为1991～1994年。1991年出现了又一个"井喷式"增长（比上年增长了2.3倍）之后，上海房地产业的增加值一举突破了10亿元的大关，期间年平均增加值为24.54亿元，年平均增长率也高达79.7%。

第四阶段为1995～2004年。1995年，上海房地产业增加值第三次出现"井喷式"增长，当年比上年增长了1.3倍。在1996年突破了100亿元大关之后，上海房地产业继续保持高速扩张，期间年平均增长率为31.9%，年平均增加值也达到了278.6亿元，并且增长率的波动明显趋于平缓。

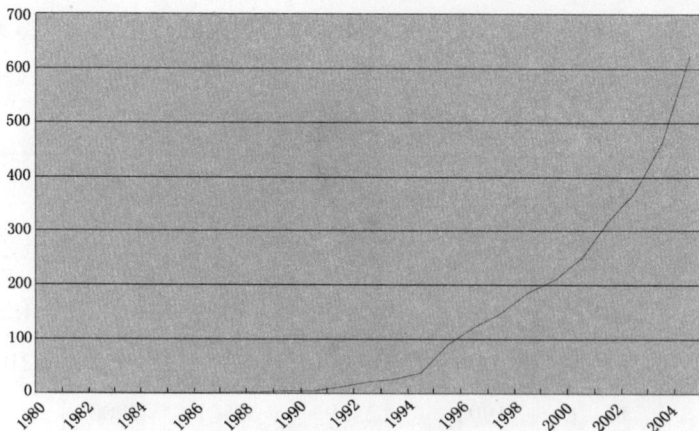

图4-1　1980年以来上海房地产业增加值的变化(单位：亿元)

如果从产业成长的角度来看，在1995年之前，上海房地产业应当说还处于导入期。就象后文所要指出的那样，处于导入期的房地产业充满了不确定性，特别是制度变迁的不确定性，从而使得当时的上海房地产业的风险极高。随着经济体制改革的日趋深化和政府宏观调控机制的逐步完善，上海房地产业从1995年起才开始进入产业生命周期的第二个阶段——快速成长期。在体制改革和经济增长的双重推动之下，期间上海房地产业虽然难免波动，但产业规模的扩张可以说已步入较为正常的轨道，既没出现过负增长，又未见有成倍于上一年度的所谓"井喷式"扩张。另外，1995年房地产业在上海GDP中所占的比例一举达到了3.7%，从而正式开启了房地产业作为上海经济发展的一个重要产业的历程。

4.1.2　上海房地产业的支柱地位的形成

所谓支柱产业，通常是指在某一国家或某一地区的GDP中所占比例最高的前若干个产业。由于这类产业在GDP中所占比例很高，因此其波动对整个国民经济或区域经济的影响就显得特别重要。尽管房地产业只是在上海市"十五"计划中被列为六大支柱产业之一，但事实上从20世纪90年代中后期开始，上海房地产业在上海经济增长中的支柱地位即已显现无疑。具体表现在如下三个方面：

1.房地产业在上海经济总量中的地位持续提高

据统计,房地产业在上海GDP中的比重由1990年的0.5%,上升到2004年的8.4%,14年间提高了近8个百分点(参见表4-2),是全市各产业GDP份额提高幅度最大的产业。

20 世纪 90 年代以来房地产业在上海 GDP 中的比重　　　　表 4-2

年份	1990	1991	1992	1993	1994	1995	1996	1997
比重	0.5	1.4	1.8	1.7	2.0	3.7	4.3	4.4
年份	1998	1999	2000	2001	2002	2003	2004	
比重	5.0	5.2	5.5	6.4	6.9	7.4	8.4	

资料来源:根据有关年度《上海统计年鉴》数据计算。

不仅如此,与"十五"期间上海经济其他五大支柱产业相比,上海房地产业的支柱地位还显现出如下特点:第一,房地产业是"十五"期间上海六大支柱产业中三个连续四年保持GDP份额增长的产业之一(另两个为信息产业和成套设备制造业);第二,房地产业在上海六大支柱产业中的GDP排名由2000年的第四位上升到2004年的第三位,仅次于信息产业和金融业;第三,在上海金融、商贸流通和房地产这三大支柱性服务产业中,房地产业更是唯一一个在2000年以来GDP增长速度超过全市GDP增长速度的产业,期间其年平均增长率高达24.2%,比同期全市GDP年平均增长率高出11.2个百分点;第四,"十五"期间上海房地产业增加值与商贸流通业、金融业的差距逐步缩小,2004年上海房地产业的增加值还首次超过了商贸流通业,其与金融业在全市GDP中所占份额的差距,也由2000年时的9.6个百分点,缩短为2004年时的1.6个百分点(参见表4-3)。

2000~2004 年上海六大支柱产业在 GDP 中的份额变化(单位:%)　　表 4-3

产业名称	2000年	2001年	2002年	2003年	2004年
信息产业	7.4	8.5	9.0	10.1	11.4
金融业	15.1	12.5	10.8	10.0	10.0
商贸流通业	9.5	9.9	9.8	9.1	8.2
汽车制造业	3.6	4.4	5.3	7.3	5.4
成套设备制造业	2.9	3.1	3.3	4.0	4.3
房地产业	5.5	6.4	6.9	7.4	8.4

资料来源:根据有关年度《上海统计年鉴》数据计算。

另外需要特别指出的是,如表4-4所示,即使是在房地产业尚未被上海市政府列为支柱产业的"九五"期间,房地产业的增加值也已不低于某些支柱产业。

1996～2000 年上海六大支柱产业及房地产业的增加值（单位：亿元）　　表 4-4

产业名称	1996	1997	1998	1999	2000
汽车制造业	111.68	124.12	141.81	170.76	169.30
电子通信设备制造业	61.75	44.48	68.00	83.15	112.49
钢铁制造业	141.66	135.19	125.96	151.78	174.09
石油化工及精细化工制造业	157.69	165.64	169.94	200.37	228.45
电站设备及大型机电设备制造业	62.60	69.61	59.67	71.18	69.51
家用电子电器制造业	36.28	10.52	34.01	62.52	86.71
房地产业	124.26	147.51	185.40	210.53	251.70

资料来源：有关年度《上海统计年鉴》。

如 1996 年房地产业的增加值即已高达 124.26 亿元，超过了当时位列全市六大支柱产业的汽车制造业、电站设备及大型机电设备制造业、电子通信设备制造业和家用电子电器制造业。从 1998 年起，上海房地产业的增加值更是超过了当时所有的六大支柱产业。就此而言，自 20 世纪 90 年代中期以来，房地产业事实上已经成为上海经济增长的重要支柱之一。

2．房地产业对上海经济增长的贡献不断增强，已成为少数几个对上海经济增长有着关键性影响的产业之一

1995～2004 年，上海房地产业增加值增长了 5.8 倍，年平均增长率高达 23.8%，比同期全市 GDP 的平均增长率高出 10.7 个百分点，期间房地产业对上海 GDP 增长的贡献率也高达 10.7%（参见表 4-5）。①

1999～2004 年房地产业对上海经济增长的贡献率　　表 4-5

年份	1996	1997	1998	1999	2000
全市GDP（亿元）	2 902.20	3 360.21	3 688.20	4 034.96	4 551.15
房地产业GDP（亿元）	124.26	147.51	185.40	210.53	251.70
贡献率（%）	7.5	5.1	11.6	7.2	8.0
年份	2001	2002	2003	2004	
全市GDP（亿元）	4 950.84	5 408.76	6 250.81	7 450.27	
房地产业GDP（亿元）	316.85	373.63	463.93	622.59	
贡献率（%）	16.3	12.4	10.7	13.2	

资料来源：根据有关年份《上海统计年鉴》数据计算。

————————————

① 某产业对全市 GDP 增长的贡献率＝（某产业 GDP 的增长额／全市同期 GDP 的增长额）×100％。

特别是自2000年以来,房地产业对上海GDP增长的贡献率进一步提高,2000~2004年房地产业对上海GDP增长的贡献率为12.8%,在六大支柱产业中仅次于信息产业(17.6%),而分别比金融业、商贸流通业、汽车制造业和成套设备制造业对上海GDP增长的贡献率高出10.8、6.7、4.6和6.2个百分点(参见表4-6)。

2001~2004年上海六大支柱产业对GDP增长的贡献率(单位:%)　　　　表4-6

	2001	2002	2003	2004
信息产业	21.1	14.5	15.8	18.9
金融业	-16.3	-7.7	4.8	9.7
商贸流通业	14.2	9.0	4.9	3.3
汽车制造业	13.1	14.5	20.4	-4.3
汽车制造业	6.5	5.1	8.4	6.0
成套设备制造业	16.3	12.4	10.7	13.2

资料来源:根据有关年份《上海统计年鉴》数据计算。

另外必须指出的是,在"十五"期间,房地产业对上海经济增长的贡献率的波动也较为平缓,而不似金融业、汽车制造业、商贸流通业等那样大起大落,从而在某种程度上担当起了城市经济增长稳定器的作用(参见图4-2)。例如与同为第三产业的金融业和商贸流通业相比,房地产业不仅从未出现过负增长,而且其对上海经济增长的贡献率也一直保持在较为稳定的状态;相反,"十五"期间上海金融业对经济增长的贡献率虽然一直呈上升态势,但其中有两年(2001和2002年)却出现过显著的负增长,从而必然对当年上海经济的增长产生较为显著的负面影响;至于商贸流通业,"十五"期间其对上海经济增长的贡献率却出现了迅速的下滑,如果不是其仍占有上海GDP较高的比重,其是否还具有支柱产业的地位显然是值得怀疑的。

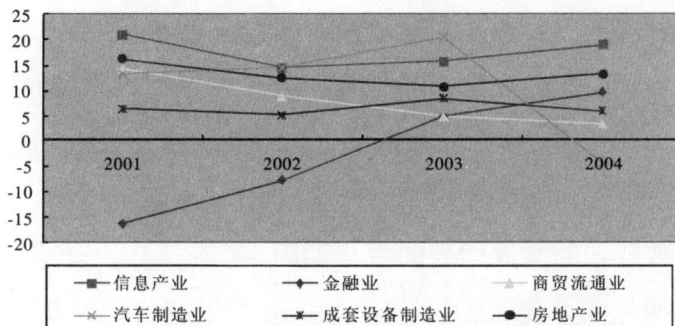

图4-2　2001~2004年上海六大支柱产业对全市GDP增长的贡献率波动(单位:%)

3．房地产开发投资占全市固定资产投资的比例持续提高，并已占较高比例

如表4-7所示，随着房地产业的兴起，除了少数宏观调控年份之外，1990年以来上海房地产开发投资规模基本处于持续高速扩张之中。1990～2004年，上海房地产开发投资增长了143.1倍，年平均增长42.6%，比同期上海全社会固定资产投资总额的年平均增长率（20.5%）竟高出22.1个百分点。作为这一超高速增长的结果，2000年以来上海房地产开发投资额占全市固定资产投资总额的比例一直保持在30%以上，其中2004年更是达到了创纪录的38.1%。毫无疑问，房地产业不仅已是上海固定资产投资的第一个行业，而且其投资规模更是对全市固定资产投资规模有着无可替代的关键性影响。

上海市全社会固定资产投资和房地产开发投资的变化 表4-7

年份	全社会固定资产投资（亿元）		房地产开发投资占全社会固定资产投资的比重（%）	年份	全社会固定资产投资（亿元）		房地产开发投资占全社会固定资产投资的比重（%）
	总额	房地产开发投资			总额	房地产开发投资	
1990	227.08	8.16	3.6	1998	1 964.83	577.12	29.4
1991	258.30	7.59	2.9	1999	1 856.72	514.83	27.7
1992	357.38	12.71	3.6	2000	1 869.67	566.17	30.3
1993	653.91	22.03	3.4	2001	1 994.73	630.73	31.6
1994	1 123.29	117.43	10.5	2002	2 187.06	748.89	34.2
1995	1601.79	466.20	29.1	2003	2 452.11	901.24	36.8
1996	1 952.05	657.79	33.7	2004	3 084.66	1 175.46	38.1
1997	1 977.59	614.23	31.1				

资料来源：根据有关年度《上海统计年鉴》数据计算。

4.2 推动上海房地产业经济高速增长的因素：初步分析

毫无疑问，从GDP增长速度来看，20世纪90年代以来上海房地产业的高速增长属于非常规增长。换句话说，在推动上海房地产业高速增长的因素中，非常规因素的作用无疑居于首要地位，常规因素的作用虽然也不可忽视，但相对显得次要。

4.2.1 制度变迁：非常规增长的主要动因

众所周知，在20世纪80年代以来中国经济的高速增长过程中，以市场化改革和对外开

放为基本特征的制度变迁因素起到了关键性的作用。对于20世纪90年代以来的上海房地产业经济的增长而言，制度变迁以及政府促进房地产业发展的一系列努力则更是导致其非常规高速增长的主要动因。

在计划经济时代，我国几乎不存在真正意义上的房地产业，更无房地产市场可言。1980年4月2日，邓小平在与中央负责人谈长期规划问题时指出：要考虑城市建筑住宅、分配房屋的一系列政策。城镇居民个人可以购买房屋，也可以自己盖。不但新房子可以出售，老房子也可以出售。可以一次付款，也可以分期付款，10年、15年付清。住宅出售之后，房租恐怕要调整。要联系房价调整房租，使人们感到买房合算。不同地区的房子，租金应该有所不同。将来房租提高了，对低工资的职工要给予补贴。这些政策要联系起来考虑。[①]从此，我国揭开了以住房商品化为导向的房地产体制改革的序幕。1987年12月1日，深圳市以拍卖的方式有偿出让了第一块土地，迈出了国有土地制度改革的关键性一步。1992年邓小平南巡讲话发表以后，我国房地产业的市场化改革遂全面展开，房地产价格开始放开，土地批租、商品房开发规模和银行房地产开发规模也迅速扩张。

在1993年部分地区房地产热之后，经过多年的宏观调控和制度完善，我国房地产市场和房地产业的发展逐步进入了规范有序的轨道。1998年，随着《土地管理法》修订出台，以及国务院《关于进一步深化城镇住房制度改革，加快住房建设的通知》和人民银行《关于加大住房信贷投入，支持住房建设与消费的通知》的颁布，我国房地产业的全面市场化进程明显加快，并直接导致了持续至今的房地产业经济高速增长。其中，对于上海房地产业来说，这一系列制度变迁所产生的巨大作用主要表现在：

第一，土地有偿使用和市场化转让制度的建立，不仅使土地使用权成为可供交易的商品，而且更使土地开发在较短时期内迅速市场化。这样，由土地使用权商品化和土地市场化开发所导致的巨额投资和经济收入，便成为较短时期内上海房地产业高速成长的一个重要因素。例如自1988年8月上海第一幅土地使用权出让试点起，到1991年12月的40个月时间内，上海共出让土地12幅，出让面积达953万 m²，出让年限为50～70年，出让收入高达8 473.8万美元和12.152 4亿人民币。[②]

---

① 人民网（www.people.com.cn）：时政专题，中国共产党80年大事记·1980年。
② 储继明、田汉雄、蔡一农：《引进土地市场机制，促进上海房地产业的发展》，原文载于印堃华：《上海房地产开发业发展战略研究》，上海市房地产业协会和上海财经大学财经研究所，内部报告，第55页。

第二，实物分房制度的取消和住房分配的逐步货币化，为上海房地产业经济的高速增长提供了庞大的需求。根据国务院《关于进一步深化城镇住房制度改革，加快住房建设的通知》（国发[1998]23号文件）的要求，我国从1998年下半年起停止住房实物分配，新建经济适用房原则上只售不租，同时全面推行并不断完善住房公积金制度。就此，从20世纪80年代即已启动的上海住宅商品化进程显著加快，商品住宅开发规模急剧扩张。据统计，1999～2004年间上海商品住宅竣工面积增长了1.5倍，年平均增长率高达20.1%，这虽然略低于1995～1999年间的商品住宅开发的年平均增长率，但由住宅商品化程度的极速提高所致，2004年上海商品化住宅的竣工面积占当年全部住宅竣工面积的比重高达94.1%，比1998年提高了30.9个百分点（参见表4-8）。

1995～2004年上海竣工住宅与商品住宅面积（单位：万m²）　　表4-8

年份	(1)竣工住宅	(2)商品住宅	(2)/(1)	年份	(1)竣工住宅	(2)商品住宅	(2)/(1)
1995	1 746.82	529.77	0.303 3	2000	1 724.02	1 388.01	0.805 1
1996	1 872.65	992.30	0.529 9	2001	1 743.90	1 524.21	0.874 0
1997	2 179.68	1 176.14	0.539 6	2002	1 880.50	1 708.11	0.908 3
1998	1 963.51	1 242.00	0.632 5	2003	2 280.79	2 139.99	0.938 3
1999	1 731.55	1 229.23	0.709 9	2004	3 270.43	3 076.19	0.940 6

资料来源：根据有关年度《上海统计年鉴》数据计算。

第三，二手房交易的迅速放开使上海房地产市场上二手房交易规模迅速膨胀，其不仅导致了上海房地产业GDP的大幅增长，而且还提供了成千上万的新的就业机会。如表4-9所示，1995年上海存量房成交户数仅为4 176户，成交面积只有60.87万m²，其中居住用房的成交面积只有19.70万m²；但到2004年时，全市存量房交易户数达到了303 291户，成交面积为2 726.70万m²，其中居住用房的成交面积高达2 222.24万，分别比1995年增长了71.6、43.8和111.8倍，年平均增长率高达61.0%、52.6%和69.1%。不仅如此，期间上海存量房的成交面积与当年商品房销售的面积之间的差距也显著缩小，其中2004年存量房成交面积相当于商品房销售面积的78.2%，远高于1995年时10.7%的水平（参见表4-9和图4-3）。

第四，房地产的全面市场化使得房产成为一个重要的投资领域，从而不仅直接促成了对房地产开发的巨大需求，而且有关投资收益（如房租）还成为上海房地产业GDP的一个重要增长点。如表4-10所示，1995～2004年间，上海商品房出租面积增长了12.9倍，年平均增长率为34.0%，其中住宅、办公楼和商业营业用房面积各自增长了3.5倍、29.6倍和13.4倍，年平均增长率分别高达18.2%、46.2%和34.5%。[①]

1995～2004年上海存量房交易情况 表4-9

年份	成交户数（户）	成交面积（万平方米）		年份	成交户数（户）	成交面积（万平方米）	
		总计	其中居住			总计	其中居住
1995	4 176	60.87	19.70	2000	96 348	778.52	648.23
1996	4 689	82.29	25.09	2001	164 598	1 422.43	1 031.48
1997	9 180	162.40	87.68	2002	204 239	1 790.50	1 341.60
1998	24 501	315.23	197.56	2003	263 297	2 306.28	1 807.57
1999	44 234	510.84	336.69	2004	303 291	2 726.70	2 222.24

资料来源：有关年度《上海统计年鉴》。

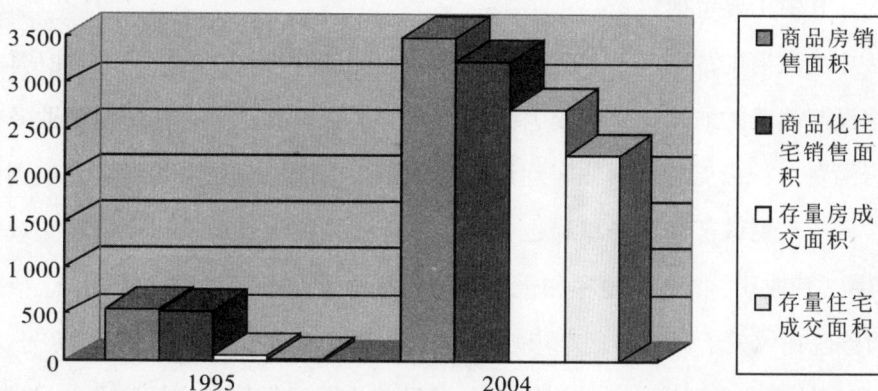

图4-3　1995和2004年上海商品房销售面积与存量房交易面积的比较

上海主要年份商品房出租情况 表4-10

年份	2001	2002	2003	2004
商品房出租面积	50.95	358.38	653.78	706.61
住宅	18.34	59.29	76.84	77.42
办公楼	7.34	156.15	193.66	224.74
商业营业用房	11.19	62.04	155.48	160.87
其他	14.08	80.91	227.80	243.58

资料来源：《上海统计年鉴（2005）》。

[①]需要说明的是，表4-9的数据并没有反映旧房特别是旧住宅的出租情况。而根据我们的观察，这一数量是极其庞大的。

第五，制度变迁直接促成了近20年来上海房地产业三次"井喷式"增长。其中：1987年上海房地产业的"井喷式"增长的主要制度原因是当时国家和上海房地产商品化思路的初步确立，以及国家和上海在培育房地产市场方面开始进入实质性启动阶段；1991年上海房地产业的"井喷式"增长则首先得益于浦东开发和开放战略的确立，以及随之而来的国家和上海在有关土地开发和房产开发方面的一系列制度创新；至于1995年上海房地产业的"井喷式"增长，则主要是由于当时国家和上海通过一系列重大制度创新，全面规范并展开了房地产市场化的进程，使得房地产商品化程度迅速提高，同时房地产投资规模也急剧扩张。

4.2.2 政府战略与政策：非常规增长的重要动因

大量证据表明，从20世纪90年代中期以来，虽然有过多次旨在抑制房地产过热的所谓宏观调控，但中央和地方政府的战略及相关政策对上海房地产业高速增长的推动作用仍然是非常显著的。其中主要包括：

第一，中央政府的战略和政策支持。1998年，人民银行在《关于加大住房信贷投入，支持住房建设与消费的通知》中提出，要加大住房信贷投入、扩大住房信贷业务范围、大力促进住房消费、积极支持普通住房建设等，以扩大内需，将住房建设培育成国民经济新的增长点。同年，财政部和税务总局也调整了住房交易税收政策，对个人购买或转让普通住宅，在契税、营业税、个人所得税和土地增值税征收上给予了优惠政策支持。特别是2003年8月，国务院在《关于促进房地产市场持续健康发展的通知》（即国务院18号文件）中，明确指出："房地产业关联度高，带动力强，已经成为国民经济的支柱产业。促进房地产市场持续健康发展，是提高居民住房水平发展的有力措施；是充分发挥人力资源优势，扩大社会就业的有效途径。实现房地产市场持续健康发展，对于全面建设小康社会，加快改善居住质量，满足人民群众物质文化生活需要的基本要求；对促进消费，扩大内需，拉动投资增长，保持国民经济持续快速健康，推进社会主义现代化具有十分重要的意义。"[①]这一通知的颁布无疑对近两年来我国和上海房地产业的高速增长起到了实质性的推动作用。

第二，上海市政府加快城市改造和建设的战略。由于历史的原因，上海城市基础设施建设一度严重滞后。改革开放以后，特别是20世纪90年代以来，随着浦东开发和开放战略的全面实施，上海明显加快了城市改造和城市建设。其中，无论是为城市改造和建设筹集资

①国务院《关于促进房地产市场持续健康发展的通知》，国发[2003]18号，2003年8月12日。

金，调整、优化城市布局和产业结构，还是为改善城市居民的居住条件，上海市政府都明显加大了土地资源开发和旧区拆迁工作，从而对上海房地产业的成长提供了强大的刺激。如表4－11所示，仅1995～2004年间，上海市就累计出让土地12 817幅，出让面积共计35 097.89万 m²，总计可建面积为39 365.67万 m²。

20世纪90年代中期以来土地使用权出让情况 表4－11

年份	出让地块（幅）	出让面积（万 m²）	可建面积（万 m²）				
			总计	住宅	商办综合楼	商业	厂房
1995	499	1 245.42	1 343.99	720.58	167.02	1.27	424.46
1996	640	898.29	1 409.65	869.17	199.85	12.40	284.28
1997	1029	1 430.75	1 966.80	1 308.20	190.28	66.18	336.99
1998	1326	1 614.52	2 269.94	1 449.49	322.10	42.99	420.72
1999	1119	1 645.96	1 973.82	1 549.47	78.90	75.92	218.79
2000	1325	2 183.22	3 502.73	1 868.18	44.13	92.96	1 417.67
2001	1981	5 228.34	5 877.60	3 728.89	673.60	202.80	1 127.15
2002	1621	6 729.94	5 977.73	3 393.05	497.35	276.89	1 717.08
2003	1538	6 985.85	6 991.36	3 149.21	751.80	413.98	2 561.66
2004	1739	7 135.60	8 052.05	2 888.28	1 074.31	397.78	3 578.06

资料来源：有关年度《上海统计年鉴》。

另一方面，十年间全市共拆迁房屋766 860户，拆迁总面积高达4 359.32m²。其中，拆迁居民住宅745 975户，相当于2004年全市居民总户数(490.58万户)的15.2%，拆迁居民住宅共3 103.51万 m²，相当于2004年全市居住房屋面积（35 211万 m²）的8.8%（参见表4－12）。

第三，上海市政府促进房地产业成长的有关政策。主要有：1994年2月，试行《蓝印户口管理规定》，明确外省市居民按一定量的款项购买上海部分地区的商品房，可获"准上海市民待遇"，此规定于2002年4月1日起停止；1995年上海市房地局《上海市实施〈城市商品房预售管理办法〉细则》规定，开发商在权证齐全的前提下，只要施工"出地面"就可以申请商品房预售，此规定于2000年11月中止；1997年《上海市房地产转让办法》规定，期货可以转让，并可向房地产登记机构办理登记备案；1998年6月～2003年5月，上海实施购房退税政策，在上海购买或差价换购商品住房并在上海缴纳个人所得税的中外人士，可在这一时期内享受所得税抵扣；2000年1月，《上海市房地产抵押办法》明确"转按揭"可行；2001年6月，《关于本市内外销商品住房并轨的若干意见》规定，从当年8月起，上海在全国率先实行内外销住宅商品房并轨政策。

1995～2004年上海房屋拆迁情况 表4-12

年份	拆迁户数（户）		拆迁面积（万㎡）	
	总计	其中居民住宅	总计	其中居民住宅
1995	75 777	73 695	322.77	253.90
1996	89 132	86 481	342.95	258.86
1997	79 857	77 388	479.69	363.16
1998	78 205	75 157	452.22	343.94
1999	75 185	73 709	342.50	248.17
2000	70 606	68 293	365.77	288.35
2001	73 728	71 909	515.65	386.66
2002	101 097	98 714	644.53	485.00
2003	80 858	79 077	584.93	475.47
2004	42 415	41 552	308.40	232.52

资料来源：有关年度《上海统计年鉴》。

4.2.3 上海房地产业经济增长的感应度分析

在市场经济条件下，任何产业的成长自然离不开足够的市场需求。这些需求可能来自居民最终消费，也可能来自于其他产业的中间需求。无论对生产活动、消费活动还是对居民生活来说，房地产都是一项不可或缺的重要资源。其既为私人产品和公共产品的生产活动提供了必需的土地、房屋和相关设施，同时又为居民生活提供了必需的居住设施。

因此，随着经济的增长和居民收入的提高，无论扩大生产还是提高生活质量，都会对房地产的供给产生进一步的需求。对于上海房地产业来说，作为一个区域性产业，这种需求则主要来源于上海经济增长本身。其中较为重要的表现包括：第一，大规模的开发区建设会对工业房产和办公用房产产生强大的需求；第二，城市商业零售业的高速发展和商业中心建设会刺激对商业用房产的投资和开发；第三，金融保险业的高速增长也会产生对房地产特别是办公用房产的强烈需求；第四，一些新兴工业部门和处于成长期的工业部门的经济增长往往会产生对增加工业用房产的需求；第五，城市区域的扩张、城镇建设以及基础设施的不断改善通常会直接引起农民的购房需求；第六，由城市经济高速增长导致的人均收入水平的持续提高，会引起居民对改善居住条件的较大需求；第七，上海多数产业经济增长过程中所创造的庞大就业机会，也必然使大量涌入的外地和外国员工产生购房或者租房的需求。这些在根本上由经济增长所致的对房地产供给的需求必然成为拉动上海房地产业成长的重要力量。

对于这种拉动作用，在现代产业经济学通常是以所谓波及作用来反映的。现代产业经济学认为，在产业结构这一系统中，某一产业在生产过程中的任一变化，都将通过产业间的关联关系而对其他产业发生波及作用。一般而言，波及作用包括两种情况：第一，当最终需求项发生变化时，其对整个经济系统产生的影响；第二，当附加价值项发生变化时，其对整个经济系统的影响。在理论上，某一产业受其他产业的波及作用也常常被称为感应度，所谓感应度系数就是对感应度的基本衡量指标，其计算公式我们已经在上一章加以说明。

毫无疑问，上海经济的其他产业对房地产业的波及作用是必然存在的。为了进一步考察上海经济增长对房地产业的波及作用，我们根据《上海统计年鉴（2004）》所列的2002年上海投入产出表，[①]计算出了2002年上海市各行业的感应度系数，结果如上表4-13所示。

根据这一计算结果，2002年上海房地产业在上海经济中的感应度系数为0.8109，小于1，在全市投入产出表所列的40个行业中也只排名第22位。这表明，上海房地产业虽然受到全市其他行业经济增长的波及作用，但这种波及效应并不显著，并且低于全部行业的平均水平。而同样作为上海经济发展过程中另两个极为重要的部门，金融业和商贸流通业感应度系数分别高达1.9627和2.1116，均远大于1，显示出这两个行业与全市其他行业的经济增长之间有着较房地产业而言远为密切的关联。

从理论上来说，与多数第三产业部门一样，房地产业是一个市场空间较小的区域性产业，不同区域的房地产业之间并不存在显著意义上的替代关系。特别是对于城市房地产业来说，其市场空间基本就是以该城市的边界为限。它不似大多数制造业部门那样，还存在着所谓由比较优势所致的区域分工和由全国市场乃至全球市场竞争造成的业绩差别。因此，上海房地产业的成长，在理论上似乎主要应当是受到本地经济增长的波动效应为主，并且无论上

---

①由于统计数据的缺乏，我们无法掌握2004年上海经济的投入产出数据，所以只能以2002年的数据作为替代，以近似地反映上海房地产业所受到的来自其他产业增长的波及效应。

海房地产市场竞争程度如何、竞争格局如何，整个上海房地产业的规模和业绩至少不会受到上海以外地区的实质性影响。就此而言，上海房地产业所受到的本地经济的波及效应似乎本不该是这样一个较低的水平。

2002 年上海各行业感应度系数　　　　　　表 4-13

行业名称	感应度系数	行业名称	感应度系数
第一产业	1.002 7	纺织业	1.057 5
煤炭开采和选洗业	1.061 6	化学工业	3.414 0
石油和天然气开采业	1.114 9	非金属矿物制品业	0.871 5
交通运输设备制造业	0.897 3	非金属矿采选业	0.476 1
食品制造及烟草加工业	1.085 8	金属制品业	1.065 9
金属冶炼及压延加工业	2.719 6	通用、专用设备工业	1.226 3
服装皮革羽绒及其制品业	0.508 4	其他制造业	0.532 8
木材加工及家具制造业	0.629 7	燃气生产和供应业	0.450 6
造纸印刷及文教用品制造业	1.250 7	水的生产和供应业	0.453 4
石油加工炼焦及核燃料加工业	1.188 1	建筑业	0.703 6
电气、机械及器材制造业	0.825 3	交通运输及仓储业	2.058 9
通信设备、计算机及 其他电子设备制造业	1.621 9	信息传输、计算机服务和 软件业	0.916 0
仪器仪表及 文化办公用机械制造业	0.840 7	批发和零售贸易业	2.111 6
教育事业	0.390 8	住宿和餐饮业	0.631 4
电力、热力的生产和供应业	1.291 5	金融保险业	1.962 7
邮政业	0.400 7	房地产业	0.810 9
卫生、社会保障和社会福利业	0.399 5	租赁和商务服务业	0.959 0
文化、体育和娱乐业	0.570 9	旅游业	0.437 4
公共管理和社会组织	0.390 0	科学研究事业	0.466 5
综合技术服务业	0.704 0	其他社会服务业	0.499 7

实际上，能够解释上海房地产业所受到的来自本地经济的波及效果并不显著这一结果的主要原因，也是前文的一个基本判断，即 20 世纪 90 年代以来上海房地产业经济非常规的高速增长首先是由制度变迁所致，是土地资源和房屋资源在较短时期内高度商品化和货

币化的直接结果。而整个上海城市经济的增长对房地产业尽管也产生了一定程度的波及作用，但充其量只能导致上海房地产业经济的常规增长，而远不能解释如前文所述的非常规的超高速增长。

另外还有两个可能是：第一，上海是中国经济最发达的城市，同时也是中国生活质量最高的城市，其房地产业还可能受到来自上海以外地区经济增长的一定程度的波及作用，如许多外省市人士和外国人士纷纷到上海购买居住用房，许多生产基地位于上海以外地区的企业纷纷将管理总部迁至上海。第二，房地产作为一种可供投资的商品，不可避免地会引发远超过其产品市场边界的大范围的资金流动。无论是长期投资还是短期投机，出于对上海经济的良好预期，较大规模的外地及外国资金流入上海房地产市场无疑是不可避免的，这些资金和投资需求肯定在某种程度上拉动了上海房地产业经济的相应增长。

4.3 上海房地产业经济高速增长的若干特征

在20世纪90年代中期以来上海房地产业经济高速增长过程中，呈现出一系列特点。这些特点既是期间政府战略、政策和房地产业供求关系的变化所致，又充分反映了上海经济在步入市场化轨道之后整个房地产业的基本态势。

4.3.1 上海房地产业供给的结构变迁

1. 上海房地产开发投资的项目构成

从1995年以来上海房地产投资的项目构成演变来看，呈现出如下五个方面的特点（参见表4-14）：

第一，商品房屋投资额在全部房地产开发投资总额中所占的比重显著上升，2000年后一直保持在80%以上，在2003年突破90%以后，2004年降至81.2%，比1995年上升了19.8个百分点。

第二，土地开发投资额占全部房地产开发投资总额的比重自20世纪90年代中后期开始有了明显的下降，2004年为5.8%，比1995年下降了5.6个百分点，这与上海城市建设和各开发区建设的实际进程基本一致。

第三，住宅开发已成为上海房地产业发展的主要支柱。2004年全市住宅开发投资额占全部房地产开发投资总额的比重达到了76.6%这一历史最高水平，比1995年上升了16.5个百分点。值得关注的是，2003年上海住宅开发投资竟然占据了商品房屋开发投资94.3%的份额。

上海房地产投资总额中各类投资额所占比重（单位：%）　　表4-14

年份	1995	1996	1997	1998	1999	2000	2001	2002	2003	2004
投资总额	100.0	100.0	100.0	100.0	100.0	100.0	100.0	100.0	100.0	100.0
（1）	61.4	69.1	84.0	76.3	78.0	84.1	84.9	87.7	91.5	81.2
（2）	11.4	10.3	6.8	3.2	2.6	4.6	4.4	4.5	4.7	5.8
（3）	60.1	54.1	54.4	55.6	63.0	72.2	69.6	75.8	75.0	76.6
（4）	17.5	22.9	22.8	21.1	15.8	10.2	4.2	4.5	7.4	7.1
（5）	6.9	9.5	8.8	10.6	11.7	9.1	9.9	8.3	7.5	6.7

注：（1）为商品房屋建设投资额，（2）为土地开发投资额，（3）为住宅投资额，（4）为办公楼投资额，（5）为商业营业用房投资额。

资料来源：根据有关年度《上海统计年鉴》数据计算。

第四，自1999年达到历史最高水平之后，商业营业用房产开发投资额占全部房地产开发投资总额的比重在最近五年中出现了下降趋势，其中2004年的水平基本与1995年持平。

第五，从1997年起，办公楼开发投资额占全市房地产开发投资总额的比重则发生了显著的下降，2004年时仅为7.1%，分别比1995年和1996年下降了10.4和15.8个百分点。

2．上海房地产开发投资的资金来源构成

从房地产开发投资的资金来源来看，1995～2004年间上海出现了三个明显的变化（参见表4-15）：

首先，目前不包括自筹资金、国内贷款和引进外资在内的其他资金来源提供了上海房地产开发投资所需资金的一半以上，2004年其所占当年全部资金来源的份额高达51.8%，比1995年上升了27.6个百分点。在近年来国家预算内资金、债券几乎绝迹的条件下，这些急剧增加的所谓其他资金显然大多来源于包括顾客银行按揭贷款在内的预售款项。

其次，一度成为上海房地产开发重要资金来源的外资则早已失去了其重要地位。2000年以后，上海当年房地产开发资金中外资所占比例迅速下降至5%以下，2004年外资占当年房地产开发资金来源的份额更是降到了1.7%，其中直接利用外资所占比例则更低至0.8%，分别比历史最高水平的1997年下降了16.7和8.1个百分点。

第三，自筹资金在全市房地产投资所需资金来源中的份额也出现了较为显著的下降，

2004年时仅为24.6%，比1995年下降了13.8个百分点。鉴于国内贷款所占比例相对较为稳定、同时引进外资的比例下降的情况，我们有理由认定自筹资金比例的下降显然是由于其他来源资金的充分供应。

上海房地产投资资金来源中各类资金所占比例（单位：%）　　　　　表4-15

年份	1995	1996	1997	1998	1999	2000	2001	2002	2003	2004
合计	100.0	100.0	100.0	100.0	100.0	100.0	100.0	100.0	100.0	100.0
（1）	21.9	23.5	24.3	24.7	20.7	23.4	21.6	22.6	21.8	21.1
（2）	9.3	14.5	18.4	14.2	14.7	4.2	3.1	3.2	2.6	1.7
（3）	6.2	6.6	8.9	8.2	7.1	2.4	1.9	2.1	1.3	0.8
（4）	38.4	34.2	29.7	29.3	29.3	31.9	31.2	26.6	24.2	24.6
（5）	24.2	21.2	18.7	23.6	28.2	38.1	42.2	45.5	50.1	51.8

注：本表计算的是本年资金来源，未计入上年末结余资金。（1）为国内贷款，（2）为利用外资，（3）为利用外资中外商直接投资部分，（4）为自筹资金，（5）为其他资金。

资料来源：根据有关年度《上海统计年鉴》数据计算。

3．上海房地产业的经济效益

20世纪90年代以来，相对于绝大多数上海产业来说，上海房地产业的总体经济效益，基本保持在较高的水平。一方面，虽然期间发生了政府宏观调控和产业增长的相对衰退，但是1995～2003年全市房地产业的经营收入却基本保持了持续快速增长的态势，九年间增长了4.2倍，年平均增长率高达23.0%。另一方面，由政府的宏观调控和产业不景气所致，上海房地产业的利润水平在1999年跌至底谷之后逐年反弹，2003年时达到了193.64亿元，在全市各行业中排名仅次于金融业和交通运输设备制造业（参见表4-16）。

上海房地产业经营收入与利润总额的变化　　　　　表4-16

年份	经营收入（亿元）	利润总额（亿元）	利润总额/经营收入(%)	年份	经营收入（亿元）	利润总额（亿元）	利润总额/经营收入(%)
1995	297.57	44.39	14.9	200	783.69	34.30	4.4
1996	438.78	58.50	13.3	2001	970.89	45.29	4.7
1997	429.42	33.52	7.8	2002	1 330.77	113.37	8.5
1998	567.01	43.00	7.6	2003	1 557.53	193.64	12.4
1999	583.69	13.42	2.3				

注：表中2004年经营收入和利润总额两项在《上海统计年鉴（2005）》中未作统计。

资料来源：根据有关年度《上海统计年鉴》数据计算。

另外，据上海市第一次经济普查主要数据公报（第三号）披露的数据显示，2004年上海房地产业完成主营业务收入2 579.5亿元，实现利润422.7亿元。其利润总额高居全市各行业第二，比金融业（299.5亿元）和交通运输设备制造业（205.8亿元）分别高出123.2亿元和216.9亿元，而仅低于批发零售业（462.1亿元）。[①]不仅如此，就主营业务收入利润率而言，房地产业不仅远高于上海其他五大支柱产业，而且在所有产业中也只比烟草制品业低。

4．3．2　上海房地产业经济增长的周期性波动：初步观察

在市场经济条件下，房地产业经济增长的周期性波动早已成为不争的事实。一般说来，房地产业经济增长的周期性与宏观经济增长的周期性之间存在着不可分割的相互影响，在宏观经济增长波动造成房地产业的需求和供给增长波动的同时，房地产业本身的投资、开发和交易也会对诸如经济增长率、社会总供给与总需求、通货膨胀率等项宏观经济指标的变化产生重要影响。在经济发达国家，由房地产业的庞大规模所致，这种相互影响表现得尤为突出。

在上海房地产业经济的高速增长过程中，这种周期性波动自然也不可避免。鉴于房地产业在上海经济中的支柱地位，其增长波动自然也会对上海经济增长产生较为显著的影响。我们在图4-4描绘了1980～2004年上海房地产增加值和全市GDP增长率的波动。初步观察表明：

第一，期间上海房地产增加值的增长率多次出现大起大落，最低值（-22.5%，1990年）与最高值（490.6%，1987年）之间的差距竟达523个百分点；而全市GDP增长率的波动幅度则远小于房地产业增加值的波动幅度，期间其最低值为3%（1989年），而最高值为14.9%（1993年）。

第二，1996年之后，上海房地产业增加值的波动明显趋缓，期间增长率最高值为36.1%（1996年），增长率最低值为13.6%（1999年），两者之间的差距为22.5个百分点。

第三，上海房地产增加值的增长率与GDP增长率的波动特征较为显著，但各自的周期性特征似乎都很难判断。无论前者还是后者，似乎都难以确定一个大致的波动周期。

第四，在上海房地产增加值的增长波动与全市GDP的增长波动之间，似乎很难看出相互之间存在着高度的关联。

为了进一步观察上海房地产业的增长波动，我们重点考察了1996～2004年上海房地产

①《上海市第一次经济普查主要数据公报》（第三号），上海市第一次经济普查领导小组办公室和上海市统计局，2005年12月24日。

增加值、上海商品房销售面积和全市GDP这三项指标的增长率波动情况（参见图4-5）。因为在我们看来，这一时期与前一时期相比，制度变迁的程度较为缓和，已少有极其重大的制度变迁，政府调控房地产市场的机制也渐趋完善，同时整个房地产业的运行也逐步规范。

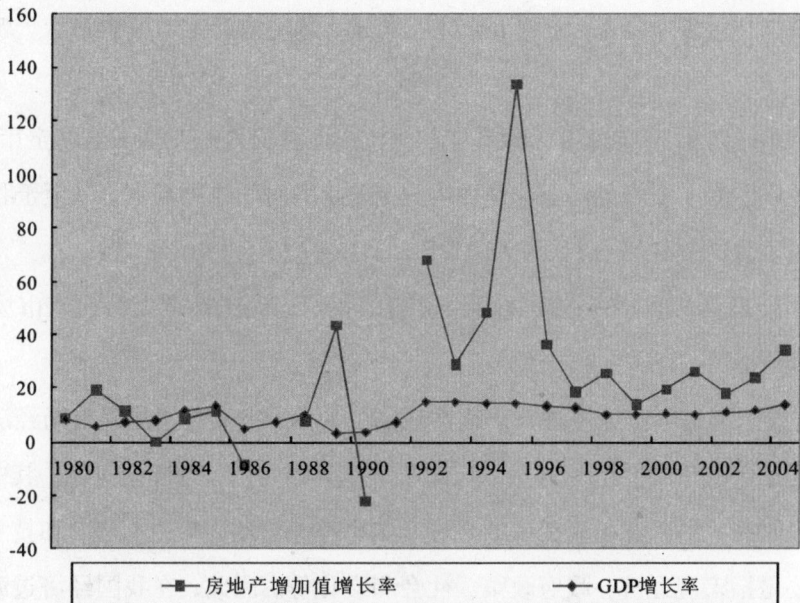

图4-4 1980~2004年上海房地产GDP增长率的波动①

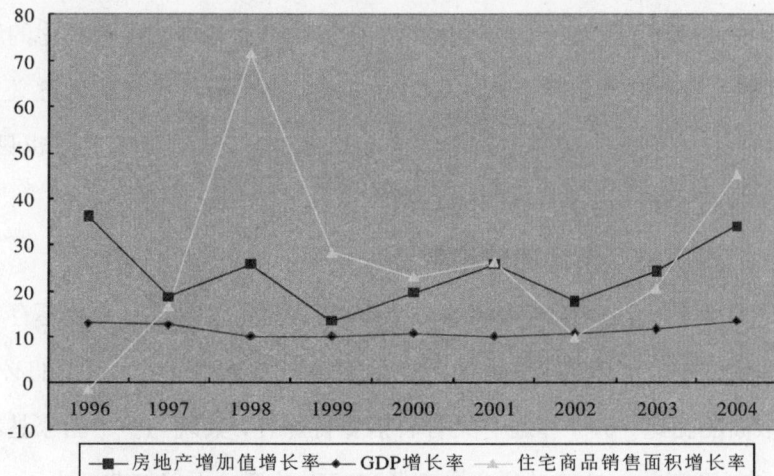

图4-5 1996~2004年上海房地产GDP增长率、
商品房销售面积增长率与全市GDP增长率波动

①因增长幅度过大，难以图示，故图中隐去了1987年（增长率为490.6%）和1991年（增长率为225.1%）房地产增加值增长率的数据。

图 4-5 显示：

第一，1996～2004 年上海房地产业经济增长的波动态势与全市 GDP 增长的波动态势应当说是基本一致的，两者都基本维持了波动中持续高速增长的格局，并且可以说两者都基本经历了一个紧缩→萧条→复苏→扩张的过程，只是上海房地产业增加值的这一波动过程更为明显而已。

第二，与前一阶段（即 1980～1995 年）相比，上海房地产业增加值与全市 GDP 之间的增长波动的关联性有了明显的增强，但由于只有 8 年的时间序列数据，以至于我们很难进一步判断这种关联性的具体特征。

第三，同样是受时间序列数据较少的限制，我们还无法确定上海住宅市场波动与上海 GDP 增长波动之间的关联性。

事实上，关于房地产业经济增长周期性波动的原因，主流看法是以市场经济或者更准确地说是以较为完善的市场经济为背景的，并通常把其归为内、外部两方面。其中，内部原因通常包括建设时滞、生产者和消费者的心理（如非理性预期和投机心理）和技术创新等，外部因素则主要是指宏观经济、政府政策、社会和文化等。因此，在我国经济过渡时期，一些重大的制度变迁（如取消福利分房、土地和住宅商品化等）所导致的房地产业的经济增长波动并不在主流学说的考察范围之内。换句话说，在房地产业基本实现市场化的历史尚不足十年的背景下，以往上海房地产业的增长尚不足以令我们完全有能力在实证意义上判断其周期性波动的基本特征，上文对上海房地产业经济增长波动的有关判断充其量也只是描述性的，拥有充分依据的实证分析显然还只能有待来年。

4.3.3 上海房地产市场的价格变迁

价格从来就是人们关注房地产市场的一个焦点。从理论上来说，只要不存在垄断和不当的政府规制，那么主要由市场供求关系决定的价格水平显然没有多大讨论的必要。然而问题在于，和大多数商品相比，房产和地产又有着诸多特殊性，其既与一个国家基本的政治经济制度和社会福利制度有关，又涉及到金融市场和宏观经济。不仅如此，由于直到 20 世纪末 21 世纪初我国房地产业才基本实现由计划经济体制向市场经济体制的转轨，因此在这之前房地产价格的形成和波动显然有着较多的特殊性。为此，我们选取了 1998～2004 年上海房地产市场若干价格水平的波动作为考察对象。

如表4-17所示，与1997年相比，上海绝大多数地产和房产的价格都出现了明显的增长。若以1997年为100，则2004年上海房屋销售价格指数在三大类价格指数中涨幅最大，上涨了41.5个百分点，土地交易价格指数则上涨了17.2个百分点，房屋租赁价格指数却出现了11.1个百分点的跌幅。在具体各类产品和服务中，价格上涨最快的当属住宅租赁，其比1997年上涨了129.3个百分点。而作为众所瞩目的商品住宅价格，期间则上升了41.5个百分点，平均每年上涨5.1个百分点。

上海房地产价格指数（1998~2004年，以1997年为100）　表4-17

	1998	1999	2000	2001	2002	2003	2004
房屋销售价格指数	95.7	92.1	90.8	94.8	101.7	122.1	141.5
商品房	95.7	91.9	90.5	92.1	99.7	120.1	139.1
住宅	95.7	92.2	90.8	92.7	100.7	122.2	141.5
非住宅	96.1	88.1	86.5	85.1	88.3	98.6	114.5
房屋租赁价格指数	92.2	82.9	79.4	83.3	82.5	84.2	88.9
住宅	151.9	200.1	208.3	223.7	223.7	226.4	229.3
办公用房	88.1	69.5	60.9	60.0	59.6	62.7	67.0
商业用房	107.5	119.2	123.5	132.4	128.4	127.0	136.3
厂房仓库	107.7	105.5	97.4	115.7	118.1	122.4	128.6
土地交易价格指数	95.5	89.1	81.9	79.6	84.6	97.4	117.2
居民住宅用地	93.4	85.3	73.6	67.9	75.3	92.0	119.0
工业用地	109.5	102.5	95.6	87.6	79.1	80.3	81.4

资料来源：《上海统计年鉴（2005）》。

进一步观察表明（参见图4-6和图4-7），1998~2004年上海各类房地产价格的变动（环比）存在着鲜明的差别。

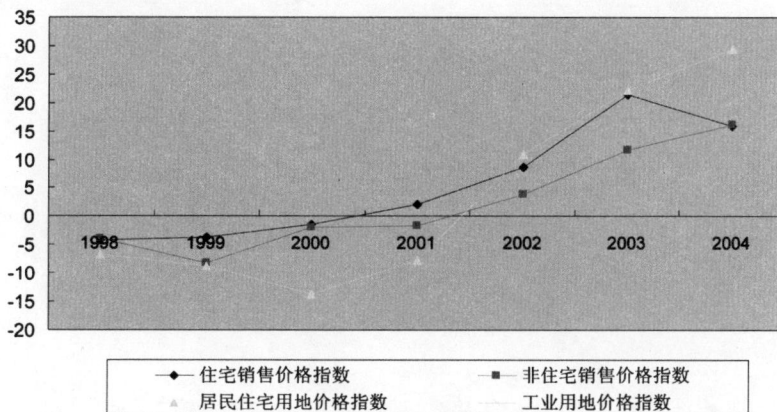

图4-6　1998~2004年上海部分房地产价格环比的演变（单位：%）

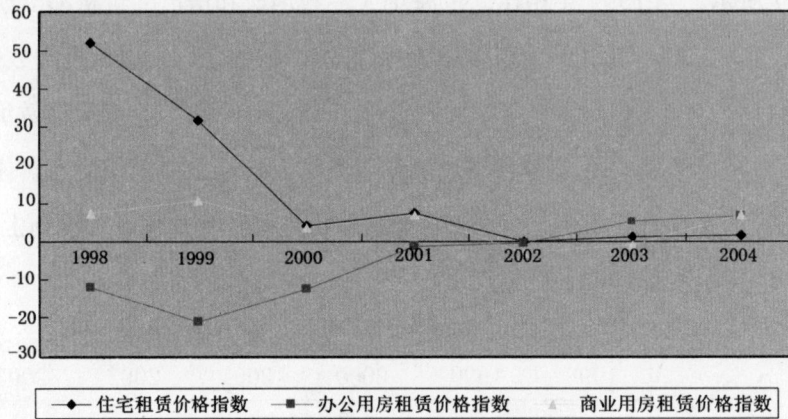

图 4-7　1998~2004 年上海部分房地产价格环比的演变（单位：%）

　　第一，各类土地和房屋销售价格都经历了不同程度的下跌→反弹→上涨的过程。其中，商品住宅销售价格于 2001 年率先上涨，接着居民住宅用地和非住宅商品房销售的价格水平于 2002 年出现了上涨，工业用地价格直至 2003 年才有所上涨。第二，各类房屋租赁价格水平的波动则逐步趋于平缓，自 2001 年起一直保持在 -3.0%~8% 的区间内。

5 上海房地产业的支柱效应：特征与问题

在上海房地产业经济长期高速增长并一跃成为城市经济第三支柱产业的同时，有关房地产业与上海经济增长关系的争论却一直没有停止过。如何看待由统计数字所显示的房地产业在上海经济增长中的这种支柱地位，如何理解房地产业对推动上海经济增长的重要作用，则始终是有关争论的焦点。

在现代产业经济学中，由于产业支柱地位的确立通常需要有关统计数据的充分支持，以至于在支柱产业地位及其对经济增长的支柱效应方面，似乎从未见有严重的分歧存在。然而另一方面，主流产业经济学关于支柱产业的讨论大多局限于工业领域，很少见有对服务业部门可能存在的支柱地位或者支柱效应的讨论。因此，由大多数服务业部门的特有性质所致，主流产业经济学中基于工业部门分析的支柱产业学说一旦应用于服务业部门，确实很难避免各种争议。

在第 4 章所述的上海房地产业支柱地位的初步特征的基础上，本章旨在运用产业经济分析的实证方法，从产业关联角度进一步揭示上海房地产业支柱效应的基本特征，并结合理论和经验分析，深入剖析这种支柱效应的实质所在。

5.1 上海房地产业的关联效应

我们在第3章中介绍并讨论了运用产业关联方法分析房地产业对国民经济增长的间接推动效应的基本思路。在本节中，我们将采用有关公式，分别对上海房地产业的后向关联效应和前向关联效应进行定量分析。不过需要说明的是，由于迄今为止上海公布的最新投入产出表是 2002 年的，为此我们也只能采用 2002 年的数据。

5.1.1 后向关联效应

后向关联度是指某一产业与向该产业提供生产投入物的产业之间的关联程度，由此可进一步揭示房地产业经济的增长对这些后向关联产业经济的影响。

1．后向直接关联效应

我们根据 2002 年上海投入产出表所列 40 个部门的数据，计算出了房地产业对各产业的直接消耗系数。分析结果显示，在 40 个部门中，与房地产业后向关联相对密切的产业有 6 个，这些产业在房地产业直接消耗总量中的总消耗比例已达 80%，其中其他制造业、交通运输设备制造业、煤炭开采和洗选业、金属制品业是房地产业的主要直接消耗产业，三者所占比例之和约为 75%（参见表 5-1）。

2002 年上海房地产业后向直接关联度较大的产业及后向直接关联度　　表 5-1

产业名称	房地产业直耗系数	房地产业直耗系数结构比例累加	直接关联度排序
其他制造业	0.465 137	0.465 136 977	1
交通运输设备制造业	0.130 144	0.595 281 243	2
煤炭开采和洗选业	0.101 610	0.696 891 644	3
金属制品业	0.047 791	0.744 682 998	4
纺织业	0.030 677	0.775 359 633	5
交通运输及仓储业	0.030 645	0.806 004 505	6

2．后向完全关联效应

我们根据 2002 年上海投入产出表所列 40 个部门的数据，计算出了房地产业对各产业的完全消耗系数。分析结果显示，上海房地产业的后向完全关联效应并不是很大。在 40 个部门中，与房地产业后向关联密切的产业有 14 个。除金融保险业外，其它 13 个部门的完全消耗系数都较小，依次为：租赁和商务服务业、房地产业、化学工业、信息传输、计算机服务和软件业、造纸印刷及文教用品制造业、交通运输及仓储业、金属冶炼及压延加工业、批发和零售贸易业、金属制品业、通信设备、计算机及其他电子设备制造业、住宿和餐饮业、电力、热力的生产和供应业、建筑业。这些产业在房地产业直接和间接消耗总量中的比例之和达 79%（参见表 5-2）。

产业名称	房地产业 完全消耗系数	房地产业完全消 耗系数结构比例	房地产业完全消耗 系数结构比例累加	直接关联 度排序
金融保险业	0.203 191 705	0.269 168 373	0.269 168 373	1
租赁和商务服务业	0.057 230 738	0.075 813 649	0.344 982 022	2
房地产业	0.047 823 322	0.063 351 63	0.408 333 652	3
化学工业	0.043 308 254	0.057 370 512	0.465 704 164	4
信息传输、计算机 服务和软件业	0.033 665 283	0.044 596 454	0.510 300 618	5
造纸印刷及 文教用品制造业	0.033 284 460	0.044 091 977	0.554 392 595	6
交通运输及仓储业	0.033 126 506	0.043 882 734	0.598 275 329	7
交通运输及仓储业	0.030 366 723	0.040 226 846	0.638 502 176	8
批发和零售贸易业	0.027 068 519	0.035 857 709	0.674 359 885	9
金属制品业	0.021 425 536	0.028 382 441	0.702 742 326	10
通信设备、计算机及 其他电子设备制造业	0.020 213 298	0.026 776 588	0.729 518 914	11
住宿和餐饮业	0.016 089 806	0.021 314 191	0.750 833 105	12
电力、热力的生产和 供应业	0.016 055 373	0.021 268 578	0.772 101 683	13
建筑业	0.015 493 061	0.020 523 682	0.792 625 365	14

5.1.2　前向关联效应

前向关联度分析的是房地产业与将其产品和服务作为投入物的产业的关联程度,由此可进一步揭示房地产业经济的增长对这些前向关联产业经济的影响。

1．前向直接关联度

我们利用 2001 年上海投入产出表中 40 个部门的直接消耗系数矩阵、价值流量数据计算出直接分配系数矩阵,然后进一步对直接分配系数矩阵进行行向结构分析,选择与房地产业关联度较大的前向直接关联产业,选择方法与后向关联产业相同。在 40 个部门中,与房地产业有直接前向关联相对密切的产业仅有 6 个,其中金融保险业是房地产业的主要直接供给对象,为 46.5%,其余 5 个产业依次为租赁和商务服务业、房地产业、信息传输、计算机服务和软件业、建筑业、金属制品业，它们总共在上海房地产业直接分配系数结构中占了 80% 的比例（参见表 5-3）。

2002 年上海房地产业前向直接关联度相对密切的产业和前向直接关联度　　表 5-3

产业名称	房地产业完全消耗系数	房地产业完全消耗系数结构比例	房地产业完全消耗系数结构比例累加	直接关联度排序
金融保险业	0.469 971 081	0.465 136 985	0.465 136 985	1
租赁和商务服务业	0.131 496 838	0.130 144 269	0.595 281 254	2
房地产业	0.102 666 423	0.101 610 402	0.696 891 656	3
信息传输、计算机服务和软件业	0.048 288 043	0.047 791 355	0.744 683 011	5
建筑业	0.030 995 454	0.030 676 636	0.775 359 647	6
金属制品业	0.030 963 359	0.030 644 872	0.806 004 519	7

2．前向完全关联度

我们采用 2002 年中国投入产出表中 40 个部门完全消耗系数表、总产出数据，计算出完全分配系数表，并用同样的判定方法从上海经济众多产业中选择出房地产业的前向完全关联产业。结果显示，上海房地产业的前向完全关联效应也不是特别大。在 40 个部门中，与房地产业有相对密切前向完全关联关系有 14 个产业，它们在上海房地产业完全分配系数结构中的比例之和达到了 79%。这些产业依次是：批发和零售贸易业、金融保险业、化学工业、通信设备、计算机及其他电子设备制造业、交通运输及设备制造业、交通运输及仓储业、建筑业、房地产业、住宿和餐饮业、通用、专用设备工业、电气机械及器材制造业、金属冶炼及压延加工业、服装皮革羽绒及其制品业、食品制造及烟草加工业（参见表 5-4）。

2002 年上海房地产业前向完全关联相对密切的产业及前向完全关联度　　表 5-4

产业名称	房地产业完全消耗系数	房地产业完全消耗系数结构比例	房地产业完全消耗系数结构比例累加	直接关联度排序
批发和零售贸易业	0.207 566	0.190 428	0.190 428	1
金融保险业	0.093 898	0.086 145	0.276 573	2
化学工业	0.064 577	0.059 245	0.335 818	3
通信设备、计算机及其他电子设备制造业	0.064 475	0.059 151	0.394 969	4
交通运输设备制造业	0.060 274	0.055 297	0.450 266	5

表 5-4(续)

产业名称	房地产业完全消耗系数	房地产业完全消耗系数结构比例	房地产业完全消耗系数结构比例累加	直接关联度排序
交通运输及仓储业	0.056 559	0.051 889	0.502 155	6
建筑业	0.051 608	0.047 347	0.549 502	7
房地产业	0.047 823	0.043 875	0.593 376	8
住宿和餐饮业	0.043 452	0.039 864	0.633 241	9
通用、专用设备工业	0.042 935	0.039 390	0.672 630	10
电气机械及器材制造业	0.037 811	0.034 689	0.707 319	11
金属冶炼及压延加工业	0.031 239	0.028 660	0.735 979	12
服装皮革羽绒及其制品业	0.030 757	0.028 217	0.764 196	13
食品制造及烟草加工业	0.028 968	0.026 576	0.790 772	14

5.1.3 影响力与影响力系数

为了进一步判断上海房地产业经济的高速增长对上海经济的波及效应,同时也为了更完整地揭示上海房地产业经济增长的关联效应,我们在此引入影响力分析方法。如前所述,影响力指的是具体产业的经济活动对其他产业的波及作用,影响力系数则是判断产业成长波及效应的一项基本衡量指标。

我们根据《上海统计年鉴(2004)》所列的2002年上海投入产出表,计算出了2002年上海市各行业的影响力系数和感应度系数,结果如表5-5所示。

根据这一计算结果,2002年上海房地产业在上海经济中的影响力系数仅为0.6272,不仅远小于1,而且在当年全市所有40个行业中排名最后。也就是说,在2002年,上海房地产业是全市各行业中对其他行业的产出影响最弱的行业。

相对而言,在上海其他五大支柱产业中,汽车制造业、信息产业和成套设备制造业的影响力系数虽然暂时无法得到准确反应,但从表5-5所显示的相关行业的数据来看,交通运输设备制造业的影响力系数为1.1547,通信设备、计算机及其他电子设备制造业的影响力系数为1.2989,信息传输、计算机服务和软件业的影响力系数为0.8279,电气、机械及器材制造业的影响力系数为1.2321。由此我们可以肯定这三个支柱产业的影响力系数至少大于1，对上海其他行业的产出有着比较显著的影响。另一方面，金融保险业的影响力系数为0.7036，批发和零售贸易业和影响力系数为0.7441，虽然都小于1，但都高于房地产业。

2002年上海各行业影响力系数　　　　　　　　　　　表5-5

行业名称	影响力系数	行业名称	影响力系数
第一产业	1.005 3	纺织业	1.261 3
煤炭开采和选洗业	0.666 2	化学工业	1.124 7
石油和天然气开采业	0.630 4	非金属矿物制品业	1.055 1
交通运输设备制造业	1.154 7	非金属矿采选业	0.892 1
食品制造及烟草加工业	1.067 3	金属制品业	1.191 6
金属冶炼及压延加工业	0.986 1	通用、专用设备工业	1.188 1
服装皮革羽绒及其制品业	1.257 6	其他制造业	1.135 6
木材加工及家具制造业	1.265 6	燃气生产和供应业	0.958 5
造纸印刷及文教用品制造业	1.199 4	水的生产和供应业	0.993 6
石油加工炼焦及核燃料加工业	0.921 5	建筑业	1.175 5
电气、机械及器材制造业	1.232 1	交通运输及仓储业	1.071 2
通信设备、计算机及其他电子设备制造业	1.298 9	信息传输、计算机服务和软件业	0.827 9
仪器仪表及文化办公用机械制造业	1.221 4	批发和零售贸易业	0.744 1
教育事业	0.666 8	住宿和餐饮业	0.978 0
电力、热力的生产和供应业	0.780 0	金融保险业	0.703 6
邮政业	0.824 9	房地产业	0.627 2
卫生、社会保障和社会福利业	0.954 5	租赁和商务服务业	0.987 4
文化、体育和娱乐业	0.948 0	旅游业	1.221 3
公共管理和社会组织	0.884 0	科学研究事业	0.898 2
综合技术服务业	1.068 1	其他社会服务业	0.932 5

通过前述一系列分析，我们可以认为，上海房地产业对上海经济的其他产业影响力较弱的主要原因大致有三：

第一，房地产业本身属于第三产业，其大多数产品和服务又属于基础部门。虽然房地产业是现代经济不可缺少的重要组成部分，但理论分析和发达国家的经验都早已表明，房地产业对经济增长的影响乃至推动作用即使较为明显，也与汽车、电子、机械等制造业部门的作用有着性质上的差别。对于现代经济增长过程来说，房地产业起到的是"润滑剂"的作用，而确实无法扮演"火车头"的角色。

第二，2002 年上海房地产业的前向和后向关联分析表明，房地产业在上海经济中的产业关联度并不高，其产业关联效应只是对少数几个产业（如金融保险业、批发和零售业等）较为显著。这样，房地产业对上海经济增长的整体推动效应就不可能较为明显。

第三，上海经济是典型的大城市经济，受资源禀赋和比较优势的限制，在理论上与房地产业关联较为密切的一些产业，如非金属矿物制品业、建筑业、木材加工及家具制造业等，不仅不是上海经济的强项，而且产业规模都很小。这样，即使上海房地产业经济的高速增长对这些产业的产品和服务有着强大的需求，也往往大多由上海以外地区的相关企业来供给。

5.2 上海房地产业支柱效应的实质

如前所述，某一产业在经济增长过程中支柱效应的确认，主要来源于国民经济核算。按照国民经济核算的一般方法，产业增加值可以分别采用支出法和收入法进行核算。为此，进一步剖析房地产业的增加值构成，无疑会有助于我们清晰认识房地产业在上海经济增长中所谓支柱效应的实质。

5.2.1 从收入法看上海房地产业 GDP 的构成

由缺乏最新统计资料所致，我们只能根据《上海统计年鉴（2004）》所刊载的 2002 年上海投入产出表和《上海统计年鉴（2003）》所列的 2000 年上海投入产出表，分析 2002 年和 2000 年上海房地产业的增加值构成（收入法，参见表 5-6）。

2000 和 2002 年上海房地产业增加值构成　　　　表 5-6

2000年	金额（亿元）	比重（%）	2002年	金额（亿元）	比重（%）
固定资产折旧	79.22	31.5	固定资产折旧	113.11	30.3
劳动者报酬	59.39	23.6	劳动者报酬	89.17	23.9
生产税净额	41.10	16.3	生产税净额	81.08	21.7
营业盈余	71.99	28.6	营业盈余	90.27	24.2
合计	251.70	100.0	合计	373.63	100.0

从收入法的计算结果来看，期间上海房地产增加值构成及其变化大致呈现出如下特征：

第一，2000和2002年上海房地产业增加值中各项所占比例的变化幅度较为有限，各自的份额排序也未见有变化，但各项对期间房地产业增加值的贡献率排名则与各项所占份额的排名并不一致（参见图5-1）。

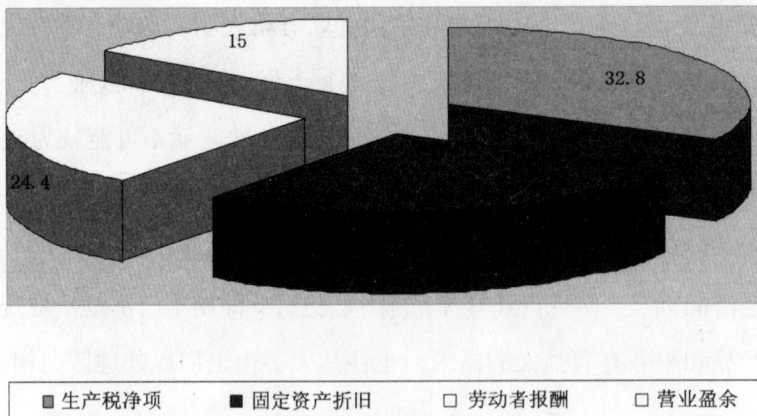

图5-1　2000～2002年各项对上海房地产业增加值增长的贡献率（单位：%）

第二，固定资产折旧在上海房地产业增加值中所占比例稳中略降，与20世纪90年代中期以来上海房地产开发竣工面积的持续增长高度吻合。因为从国民经济核算角度来说，房地产业的固定资产折旧表面上反映了固定资产在当期生产中的转移价值，但实质上主要揭示了房地产开发规模的变化和累积程度。据统计，2000和2002年上海房地产业增加值中的固定资产折旧，还分别占了同期全市GDP中固定资产折旧总额的12.5%和14.3%，比同期房地产业在上海GDP中的比重分别高出7.0和7.4个百分点。不仅如此，20世纪90年代中期以来，房地产开发在全市新增固定资产总额中的比重也显著提高，2001年以后一直保持在40%以上的高水平，2003年甚至还超过了50%（参见表5-7）。因此，假定折旧率不变，那么在2002年以后的若干年中，由以往房地产开发规模的持续扩张所致，固定资产折旧对上海房地产业增加值的贡献仍会继续保持在一个较高的水平，甚至还完全可能继续上升。

第三，生产税净项是期间上海房地产业增加值中增长最快的部分，2002年比2000年增长了97.3%，几乎翻了一翻，其对期间上海房地产GDP增长的贡献率更是高达32.8%，在各项中位居第一。同时，其在上海房地产业增加值中的份额也迅速上升至21.7%，比2000年提高了5.4个百分点。自1994年税制改革以来，我国在房地产业的各个环节存在着不同的相关税种，主要有：①房地产开发过程中涉及的各项税收，包括耕地占用税、土地使用税、印花税、固定资产投资方向调节税(已从2000年开始暂停征收)、营业税、城市维护建设税、企业所得税等；②房地产交易过程中涉及的税收，包括契税、印花税、土地增值税、企业所得税(或个人所得税)、营业税、城市维护建设税等；③房地产静态保有中涉及的各项税收，包括房产税、城镇土地使用税、城市房地产税等；④在房地产出租时涉及的税收，包括营业税、房产税、城市维护建设税、印花税、土地使用税等。除上述各环节的税收外，涉及房地产业的各种收费项目更是名目繁多。考虑到当时国家和上海在房地产业中推行的各种税收优惠政策，以及部分房地产企业事实上的偷漏税问题[①]，上述生产税净项的数额可以说偏低，通过减少税收优惠并严格征税，其仍有一定的上升空间。

1995～2004年上海新增固定资产及房地产开发所占比重　　　　　　表5-7

年　份	新增固定资产(亿元)	房地产开发(亿元)	房地产开发所占比重(%)	年份	新增固定资产(亿元)	房地产开发(亿元)	房地产开发所占比重(%)
1995	826.94	127.08	15.4	2000	1 493.35	477.39	32.0
1996	1 199.10	318.58	26.6	2001	1 178.24	519.20	44.1
1997	1 316.43	427.19	32.5	2002	1 207.33	536.22	44.4
1998	1 534.90	508.32	33.1	2003	1 618.45	812.56	50.2
1999	1 858.70	427.66	23.0	2004	2 122.14	825.23	44.4

资料来源：根据《上海统计年鉴（2005）》有关数据计算。

第四，劳动者报酬的增长幅度（50.1%）基本与房地产增加值的增长幅度（48.4%）持平，但营业盈余的增长幅度仅为25.4%，比同期房地产业增加值的增长幅度低23个百分点；同时营业盈余对上海房地产业增加值增长的贡献率也只有15.0%，不及生产税净项贡献率的一半。另一方面，这两项之和占2002年上海房地产业增加值的比例为48.1%，比2000年下降了4.1个百分点。这表明，在上海房地产业持续高速增长过程中，企业盈利水平和劳动者工资水平的增长水平其实要相对低于产业增加值增长率。这样，一旦在周期性增长波动过程中上海房地产业陷入紧缩乃至萧条阶段，那么上述两项的增长率很可能还将继续下滑，其对

---

①目前房地产业内常见的偷漏税途径大致包括：①瞒报或少报预收售楼收入；②利用关联企业的业务往来避缴税款；③财务和会计核算比较混乱，导致成本和企业所得税无法准确核算；④有挂靠关系的房地产企业之间应缴未缴税费现象；⑤企业合作建房不按规定申报纳税；⑥回迁房部分未按销售不动产缴纳相关税费；⑦将自行开发的房产分给投资方部分未按规定申报缴纳税费；⑧以房产物业抵偿劳务款未作收入申报纳税；⑨对连续滚动开发的项目，不划分成本负担对象，模糊应纳税所得额；⑩房地产开发商将收到的银行按揭挂往来账，隐匿收入，不缴或少缴税款。

房地产业增加值的贡献率也很可能会进一步下降。

5.2.2 从支出法看上海房地产业GDP的构成

为了进一步揭示房地产业在上海经济增长中支柱效应的实质，我们根据上海投入产出流量表中的有关数据，计算出了房地产业的最终使用构成（参见表5-8）。

2000和2002年上海投入产出流量表中房地产业最终使用构成　　　　表5-8

2000年	金额（亿元）	比重（%）	2002年	金额（亿元）	比重（%）
最终消费	98.71	46.1	最终消费	101.65	29.2
资本形成总额	98.82	46.1	资本形成总额	246.13	70.8
净流出	16.75	7.8	净流出	—	—
合计	214.27	100.0	合计	347.78	100.0

注：不知何故，2002年投入产出表中未统计净流出。

如表5-8所示，2000～2002年间上海房地产业最终使用构成及其变化存在着两个非常鲜明的特点：

1. 资本形成总额及其变化已经成为决定上海房地产业增加值规模及其增长的关键因素

据统计，2002年上海房地产业最终使用额中，资本形成总额高达246.13亿元，比2000年增长了1.5倍，其在最终使用构成中的比重也由2000年的46.1%，上升到2002年的70.8%，两年内提高了24.7个百分点。不仅如此，在上海经济全部最终使用额的资本形成总额中，房地产业所占的比例也由2000年的4.7%，上升至2002年的10.2%。

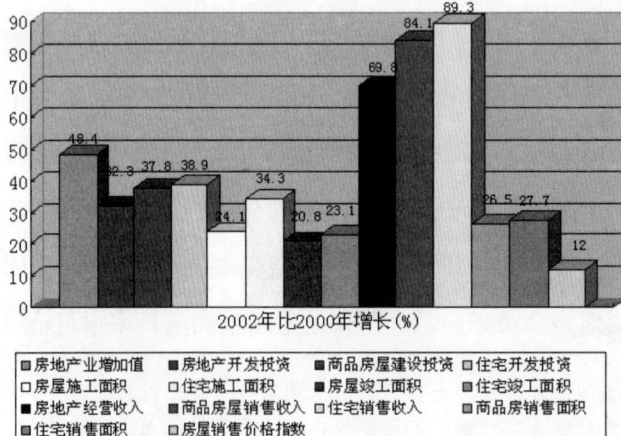

图5-2　2002年上海房地产业主要经济指标与2002年的比较（增长率）①

①资料来源：《上海统计年鉴（2003）》。

进一步观察显示，与 2000 年相比，上海房地产业的实物量增长幅度远低于价值量增长幅度。如图 5-2 所示，在房屋施工面积、房屋竣工面积、商品房销售面积等实物量指标中，2002 年较之 2000 年的增长幅度都在 20%～27% 之间，与此同时，房地产增加值、房地产开发投资、房地产经营收入等价值量指标的增幅却都在 32% 以上，其中房地产增加值的增幅为 48.4%，房地产经营收入的增幅度更是高达 69.8%。显然，2002 年上海房地产业增加值特别是资本形成总额的大幅增长，实际上还受到了期间上海房地产价格迅速上扬的明显影响。另外，对期间上海房地产业资本形成总额成倍增长很可能有较大影响的两个因素是：

第一，土地转让。如前所述，土地使用权的商品化是上海房地产业高速增长的重来来源。据统计，2002 年上海土地出让面积为 6 729.94 万 m²，比 2000 年增长了 2.1 倍；土地转让收入为 61.08 亿元，比 2000 年增长了 1.7 倍。由于有关统计数据未能披露其中有多少属于二次转让，即被转让土地在转让之前其使用权价值是否已经计入资本形成项，所以我们还无法准确判断这种土地使用权转让规模的大幅扩张所产生的推动增长效应。

第二，存量房交易。众所周知，在房地产业完全市场化之前，上海已经形成了庞大的存量房资源。这些存量房的账面价值与市场价值之间大多存在着数倍的差距，一旦转入交易，必然会引起数倍的资本增值。据统计，2002 年全市存量方交易量为 1 790.50 万 m²，比 2000 年增长了 1.3 倍。但由于有关统计也没能披露交易房屋的具体性质和交易金额，所以我们自然也无法准确估计其对上海房地产 GDP 增长和资本形成的推动效应。

2. 最终消费虽然保持了极高的水平，但对于上海房地产业经济增长的重要性已显著削弱

2002 年上海房地产业最终使用额中最终消费金额虽然比 2000 年有所增长（增长幅度仅为 3.0%），但其所占比例却出现了明显的下降，2002 年比 2000 年下降了 16.9 个百分点。

按照国民经济核算办法，居民的购房和建房支出应当计入资本形成项，房地产业的最终消费主要是指包括租房支出、房地产交易费用和物业管理费用在内的各项房地产维持、交易和租赁的费用。因此，在交易费用（包括中介和政府收费）和物业管理费用价格未出现明显上涨的条件下，上述最终消费额略有增长的现象，实际上反映了 2000～2002 年上海各类租房交易、房地产交易和物业管理服务等房地产维持、交易和租赁规模相对稳定的局面。

不过有关统计结果显示，与 2000 年相比，2002 年上海房地产业中与上述最终消费项有

关的经济指标都出现了显著的增长（参见表5-9），这与最终消费额略有增长的局面显然存在着一定的偏差。受统计资料的限制，对此我们暂时也无法给出完全的解释。

当然，这两年中上海房地产业每年100亿左右的最终消费额也表明了上海房地产市场交易和物业管理规模的极其庞大，看似琐碎的物业管理、房地产交易收费、租房支出等，在2002年时居然创造了占全市1.9%的GDP，其绝对额甚至还高于不少制造业部门，相当于当年六大支柱产业之一的成套设备制造业增加值的56.8%。换言之，上海庞大的城市空间和人口规模，同样也是保证上海房地产业提供较大GDP的重要因素。

2002年上海房地产业若干指标与2000年的比较   表5-9

	2002	2000	增长幅度（%）
物业管理面积（万m²）	30 726.10	23 493.81	30.8%
其中：住宅	25 829.89	20 171.81	28.0%
办公楼	2 590.84	1 570.07	65.0%
存量房交易面积（万m²）	1 790.50	778.52	130.0%
其中：住宅	1 341.60	648.23	107.1%
商品房销售面积（万m²）	1 941.47	1 557.87	24.6%
商品房销售额（亿元）	815.03	555.45	46.7%
商品房出租面积（万m²）	597.39	358.38	66.7%
房屋出租收入（亿元）	55.25	29.68	86.2%

资料来源：《上海统计年鉴（2003）》。

另外需要特别指出的是，房地产业与制造业相比而言的一个突出特点是，前者的市场主要是本地市场，无论竞争程度如何，无论竞争结果如何，上海房地产业的增加值都是产业有效供给的真实反应，影响其规模的主要因素是市场需求和有效供给能力。这就是为什么在支出法国民经济核算中，上海房地产业的所谓净流出几乎可以忽略不计的原因所在。相反，对于上海制造业部门来说，由于几乎所有的制造业部门的产品市场都远不止于本地市场，一些制造业部门甚至还是全球性产业，因此在市场竞争过程中，本地制造业企业的产出规模不仅受到市场需求的约束，而且还面临非本地企业的竞争压力。例如，20世纪90年代以来上海纺织业的相对衰退便直接导致了其对上海经济增长贡献率的急剧下降。所以，相对于制造业部门来说，房地产业对上海经济增长的支柱效应显然要稳定得多。

5.2.3 中国经济与上海经济增长中的房地产业：若干比较

如上所述，房地产业是一个区域性的产业，其市场空间通常以某一区域（主要是城市）

为界限。由于不同区域房地产业的经济增长主要受到当地市场需求和有效供给能力的影响，因此即使在同一国家之内，不同区域的房地产业也往往有着不同的发展态势和特征。甚至即使在整个国家房地产业发展特征趋于相同的背景下，部分区域的房地产业仍然有可能出现与之不同的态势和特点。

国务院在2003年8月发布的《关于促进房地产市场持续健康发展的通知》（即国务院18号文件）中，确立了房地产业在我国国民经济中的支柱地位。不过，与上海房地产业在上海经济增长中的支柱地位相比，全国房地产业在国民经济增长中的支柱地位仍然有着鲜明的不同，其中主要表现在：

1．房地产业对经济增长的直接贡献程度差别较大[①]

虽然20世纪90年代中期以来房地产业在我国也属于高速发展的产业，但是与房地产业在上海经济增长中的地位相比，全国房地产业对于我国国民经济增长的直接贡献程度明显小于上海房地产业对于上海经济增长的贡献程度（参见表5-10和5-11）。

上海房地产业与全国房地产业的增加值　　　　　　　　　表5-10

年份	全国房地产业增加值（亿元）	全国GDP（亿元）	房地产业在全国GDP中的比重（%）	上海房地产业增加值（亿元）	上海GDP（亿元）	房地产业在上海GDP中的比重（%）	上海在全国房地产业增加值中的比重（%）
1995	1 058.6	58 478.1	1.8	91.29	2 462.57	3.7	8.6
1996	1 149.3	67 884.6	1.7	124.26	2 902.20	4.3	10.8
1997	1 258.8	74 462.6	1.7	147.51	3 360.21	4.4	11.7
1998	1 452.6	78 345.2	1.9	185.40	3 688.20	5.0	12.8
1999	1 528.4	82 067.5	1.9	210.53	4 034.96	5.2	13.8
2000	1 690.4	89 468.1	1.9	251.70	4 551.15	5.5	14.9
2001	1 885.4	97 314.8	1.9	316.85	4 950.84	6.4	16.8
2002	2 098.2	105 172.3	2.0	373.63	5 408.76	6.9	17.8
2003	2 377.6	117 390.2	2.0	463.93	6 250.81	7.4	19.5
2004	—	136 875.9	—	622.59	7 450.27	8.4	—

资料来源：相关年度《中国统计年鉴》和《上海统计年鉴》。

[①] 因《中国统计年鉴（2005）》只公布了截至2003年的房地产业增加值数据，故我们的分析也只能以此为限。

上海与全国的房地产业对 GDP 增长的贡献率比较　　　　表 5-11

	1996	1997	1998	1999	2000	2001	2002	2003
上海	7.5	5.1	11.6	7.2	8.0	16.3	12.4	10.7
全国	1.0	1.7	5.0	2.0	2.2	2.5	2.7	2.3

资料来源：根据相关年度《上海统计年鉴》和《中国统计年鉴》计算。

第一，2003 年我国房地产业增加值为 2 377.6 亿元，比 1995 年增长了 1.25 倍，年平均增长率为 10.6%。与此同时，期间上海房地产业增加值则增长了 4.08 倍，年平均增长率高达 22.5%，比同期全国房地产业增加值年平均增长率高出 11.9 个百分点。

第二，1995～2003 年间，房地产业在我国 GDP 中所占的比重只是略有上升，而上海房地产业在上海 GDP 中的比重则有了大幅提高。2003 年，房地产业在我国 GDP 中所占份额为 2.0%，仅比 1995 年上升了 0.2 个百分点；上海房地产业在上海 GDP 中的比重，则由 1995 年的 3.7%，上升到 2003 年的 7.4%。另一方面，在 1995～2003 年间，上海房地产业在上海 GDP 中的比重一直显著高于房地产业在全国 GDP 中的比重，并且这一差距还出现了逐步扩大的态势。

第三，上海房地产业在全国房地产业的地位日益提高。1995 年，上海房地产业在全国房地产业 GDP 中的比重为 8.6%，2003 年为 19.5%，期间上升了 10.9 个百分点。

第四，上海房地产业对于上海经济增长的直接贡献也一直显著大于我国房地产业对于国民经济增长的贡献。1995～2003 年，上海房地产业对上海 GDP 增长的贡献率高达 9.8%，比同期我国房地产业对全国 GDP 增长的贡献率（2.2%）高出 7.6 个百分点。不仅如此，期间历年上海房地产业对上海 GDP 增长的贡献率也一直显著高于我国房地产业对全国 GDP 增长的贡献率，并且这种贡献率的差距也呈逐年扩大之势。

2．城市经济与国家经济的差异

上述显著差异表明，虽然分别属于我国经济和上海经济中的支柱产业，但是上海房地产业和全国房地产业之间仍然存在着较大的区别。从表面上看，这一区别固然显示了房地产业对于上海经济和全国经济增长贡献程度的大小，但从根本上来说，这一区别的实质，在于其反映了城市经济和象中国这样一个大国的国民经济在资源禀赋和经济结构上的天壤之别。具体如下：

一方面，对于一个城市特别是类似上海这样的特大型城市来说，不仅土地资源的稀缺程度要远远高于全国,而且由经济发展水平和产业结构的悬殊差异所致,上海土地资源和房产资源的开发价值也远远高于全国平均水平。这样,在市场机制主导下的房地产供求关系中,上海房地产有效供给价值的绝对量在本地经济总产出中的份额,以及其有效供给绝对量的增长速度显著高于全国平均水平,反映了城市经济特别是发达城市经济的根本特点,既不难理解,也无可争辩。

另一方面,对于人均 GDP 刚刚越过 1 000 美元并且国土辽阔、农村和小城镇人口占了绝大多数的我国来说,虽然土地需求和房产需求的实物量极其庞大,但房地产稀缺程度和经济发展水平的影响,这种需求的单位价值量其实仍然较小。因此,若以货币价值来衡量房地产业的有效供给,则其在全国经济总量中所占份额以及其绝对价值量的增长速度,自然会显著低于类似上海这样的大城市的房地产业。即便中央政府把房地产业列为全国性的支柱产业,但房地产业对全国经济增长的推动作用也必然远不及对类似上海这样的大城市经济的推动作用。

5.3 上海房地产业支柱效应的若干问题

可以完全明确的是,作为上海现阶段经济增长中的六大支柱产业之一,房地产业在上海是一种强直接贡献而弱关联效应的产业,它能够为上海 GDP 的持续增长提供最为直接的贡献,但带动上海其他产业部门共同推进上海经济增长的能力却极为薄弱。在此我们需要指出的是,尽管同样属于支柱产业,但由房地产业在上海经济增长中支柱效应的某些特质所致,从推动经济增长的立场来说,房地产业的进一步发展其实并不需要政府的刻意扶持。政府需要做的,乃是制度环境的规范和对房地产市场的有效管理。

5.3.1 被低估的支柱地位

事实上,由于统计方面的原因,目前我国官方统计所公布的房地产业的增加值在一定程度上被低估了。

现行国民经济核算体系中房地产业的核算对象只是房地产开发企业和单位进行的商品房屋建设和土地开发经营活动,其核算范围包括四个部分:①房地产开发经营业所从事的房地产业活动;②城市房地产业管理部门提供的居民住房服务;③城乡居民自有住房服务;④房地产经纪与代理活动。由此,在我国房地产业增加值统计中,存在着如下四

个方面的问题：①

第一，受资料来源限制，现行房地产业增加值核算未能包括房地产开发经营企业和单位以外的各种类型单位以及城乡居民住户以营利为目的提供的住房出租服务；关于非营利性住房服务，只包括城市房地产管理部门提供的住房服务，而没有包括企业、事业和行政单位向本单位职工及其家属提供的住房服务。虽然推行住房制度改革后已将一部分公有住房出售给个人，但公有住房仍然占一定的比例。

第二，城市房地产管理部门提供的是一种国家补贴的低房租的福利性住房，20世纪90年代初房租每一平方米仅几分钱，1995年时全国平均水平大致为每一平方米0.60元，而目前的平均房租也只有每一平方米两元钱左右。现行的核算办法是以其营业性收入作为总产出，这就低估了房地产管理部门的总产出，从而低估了增加值。而且这部分的资料范围一直覆盖不全，也影响了其总产出和增加值的完整性。

第三，受公有住房房租普遍偏低的影响和资料来源的限制，城乡居民自有住房服务目前仅按住房原值的2%～4%计算的虚拟固定资产折旧作为总产出，同时作为增加值。由于按收入法计算的增加值应该包括劳动者报酬、间接税净额、营业赢余和固定资产折旧四个部分，因此这样估算出的城乡居民自有住房建设和服务的增加值没有包括人工费、利润等等，从而必然导致我国城乡居民自有住房服务的总产出和增加值估算偏低。

第四，按照国民经济核算的要求，固定资产折旧应该按固定资产当期购置的市场价格重估的价值进行计算，但目前能够搜集到的固定资产折旧数据一般都是按历史成本计算的，这就导致了我国房地产业固定资产折旧的低估。

综上所述，按照现行官方统计口径计算出的上海房地产业增加值无疑是被低估了，从而使其支柱地位也存在着相应被低估的问题。至于被低估的程度，由缺乏足够的数据和资料所致，在此我们只能进行部分估算。

1. 城乡居民以赢利为目的的租房服务

在上海房地产业增加值统计中，所谓房屋出租服务仅统计了房地产开发经营企业的出租服务，而未能统计上海市城乡居民以赢利为目的租房服务。为此，我们根据表5-12所列的

---

① 本部分借鉴了李启明的有关见解。参见李启明：《论中国房地产业与国民经济的关系》，《中国房地产》，2002年6月。

有关数据，对该部分租房服务的实际收入做了估算。

根据上海市统计局公布的抽样调查数据，在2004年上海城市居民家庭人均可支配收入中，住房借贷收入为1 057元，当年全市非农业人口为1 097.60万人。照此推算，2004年上海城市居民家庭出租房屋的收入约为116亿元。另外，在2004年上海农村居民人均可支配收入中，人均租金收入为142元，当年全市农业人口为254.79万人。假设这些租金收入全部来自房屋出租，则照此推算，2004年上海农村居民家庭出租房屋的收入约为3.6亿元。两者合计共119.6亿元。

2004 上海市居民家庭情况 表 5-12

指　标	数量	指　标	数量
总户数（万户）	490.58	非农业人口（万人）	1 097.60
总人口（万人）	1 352.39	城市居民人均住房借贷收入（元）	1 057
农业人口（万人）	254.79	农村居民人均租金收入（元）	142

资料来源：《上海统计年鉴（2005）》。

由于居民出租房屋的成本极其低廉（主要是指房屋的必要修缮费用和中介费用），因此上述居民租房收入的绝大部分可计入营业盈余项。若我们假定2004年全市居民出租房屋的盈余为100亿元，则意味着当年上海房地产业增加值将由此增加100亿元，达到722.59亿元，比官方正式公布的统计数据高出16.1%。

2. 城乡居民自有住房服务

如前所述，在现行房地产增加值统计中，城乡居民自有住房服务目前仅按住房原值的2%～4%计算的虚拟固定资产折旧作为总产出，同时作为增加值。由于这一统计方法未能反映房屋的实际价值，因此不可避免地会低估居民自有住房的折旧额，特别是居民新建的自有住房的折旧额、劳动者报酬和营业盈余等。据统计，仅1998～2003年，全市城乡居民私人新建住宅的投资额总计59.8亿元，占同期全市住宅建设投资总额的2%；私人新建住宅竣工面积累计886.6万 m²，占同期全市住宅竣工面积总和的7.9%（参见表5-13）。显然，由于绝大多数城乡居民私人建住宅的土地来源属于免费供给（如农村的所谓宅基地），同时私人建住宅的劳动投入中只有一部分计入了建房投资等原因，以至于私人建住宅的价值实际上被低估了。

1998～2004 年上海私人建住宅情况 表 5-13

	1998	1999	2000	2001	2002	2003
全市住宅投资额(亿元) 其中私人建住宅	377.0 14.2	378.8 6.8	443.9 11.9	466.7 10.3	584.51 8.0	694.3 8.6
全市住宅施工面积(万m²) 其中私人建住宅	4 775.4 234.3	4 608.5 118.8	4 804.1 189.6	5 236.9 153.2	5 994.7 122.0	6 974.3 94.7
全市住宅竣工面积(万m²) 其中私人建住宅	1 867.1 234.0	1 731.6 118.8	1 724.0 189.6	1 743.9 132.6	1 880.5 116.9	2 280.8 94.7

资料来源：相关年度《上海统计年鉴》。

为了进一步评估私人建住宅被低估的增加值数额，我们在此以 2003 年为例。2003 年全市私人建住宅实现了当年施工当年竣工，竣工面积为 94.7 万 m²。考虑到私人建住宅的规格和质量通常相对低于非私人建住宅,同时考虑到部分劳动者报酬未计入私人建住宅的名义造价，在此我们假设当年私人建住宅的实际造价相当于非私人住宅名义造价的 50%。参照《上海统计年鉴（2004)》公布的 2003 年全市房地产开发企业平均住宅造价 2987 元 /m²，我们可以估算出当年私人建住宅的实际造价大致为 1500 元 /m²。这样，当年全市城乡居民私人建住宅的实际竣工价值约为 14.2 亿元，比名义投资额高出 5.6 亿元。同时，实际应计的折旧额（假定折旧率为 3%）约为 0.4 亿元。也就是说，若以竣工价值计算，则 2003 年上海被低估的私人建住宅所产生的房地产增加值为 6 亿元左右，相当于当年官方统计公布的全市房地产业增加值的 1.3%。

若以市场价值计算，则上海城乡居民私人建住宅活动被低估的房地产增加值则更大。我们同样以 2003 年为例。根据《上海统计年鉴（2004)》公布的数据，当年全市个人住宅商品房平均价格为 4956 元 /m²。鉴于绝大多数私人建住宅发生于市郊农村，同时规格、质量及附属设施等方面也存在较大差距，故我们假设这些私人住宅的市场价格为全市个人住宅商品房平均价格的 50%。照此推算，2003 年全市城乡居民私人建住宅的市场价值约为 23.5 亿元，比实际投资额高出 14.9 亿元。这样，2003 年上海城乡居民私人建住宅被低估的增加值约为 15.6 亿元（含按 3% 折旧率计算的当年折旧 0.7 亿元），相当于当年全市房地产业增加值的 3.4%。

5.3.2 较为有限的就业效应

任何产业的发展都会创造新的就业机会。所谓产业增长的就业效应，反映的是某产业发展过程中新产生的就业机会数量的多少。其中，某产业发展所直接导致的该产业就业人口的增加，属于该产业发展的直接就业效应；而某产业发展通过产业关联效应导致其他产业就业人口增加的现象，则被称为该产业发展的间接就业效应。鉴于我们已经在上文中讨论过上海房地产业的产业关联效应，故在此我们主要分析上海房地产业发展的直接就业效应。

如表5-14所示，2004年上海房地产业从业人员为8.5万人，比1995年增加了49.1%，年平均增长率仅为4.5%，比同期上海房地产业增加值的年平均增长率（23.8%）低19.3个百分点。与此同时，房地产业从业人员在上海从业人员中所占的份额也几乎没有变化，10年来基本维持在1%左右。就此而言，我们可以认定20世纪90年代中期以来上海房地产业经济的高速增长实际上并没有带来与之相称的就业人口的增加，其经济增长的直接就业效应似乎可以说是极为有限的。

上海房地产业从业人员的变化[①]　　　　　　　　　　表5-14

年份	1995	1996	1997	1998	1999
房地产业从业人数（万人）	5.7	6.6	—	7.4	7.5
全市从业人数（万人）	768.0	764.3	—	670.0	677.3
房地产业在全市从业人数中的比重(%)	0.7	0.9	—	1.1	1.1
年份	2000	2001	2002	2003	2004
房地产业从业人数（万人）	8.0	8.1	8.8	8.3	8.5
全市从业人数（万人）	673.1	692.4	742.8	771.5	812.3
房地产业在全市从业人数中的比重(%)	1.2	1.2	1.2	1.1	1.0

资料来源：有关年度《中国统计年鉴》。

不仅如此，与金融保险业、批发零售贸易和餐饮业这两个支柱产业相比，上海房地产业在从业人员数量方面却有着十分悬殊的差距。如2002年时，上海金融保险业以及批发零售贸易和餐饮业这两个产业的从业人员数量分别为12.6万人和115.5万人，分别比当年上海房地产业的从业人员数量高出43.2%和12.1倍。这至少表明在提供就业机会方面，上海房地产业的贡献远不及同为支柱产业的批发零售贸易和餐饮业及金融保险业（参见表5-15）。

不过，与同期上海第三产业就业人口数量的变化相比，上海房地产业从业人员数量的增长应当说还是比较正常的。由于统计数据发布方面的原因，在此我们只计算了1995和2002

---

① 不知何故，历年《上海统计年鉴》中"全市从业人员"、"房地产业从业人员"两项指标与历年《中国统计年鉴》中的相应数据并不一致。在此我们采用了历年《中国统计年鉴》中的有关数据。

年上海有关产业从业人员数量的变化。结果显示，期间上海房地产业从业人员的年平均增长率高于全市第三产业从业人员年平均增长率；在几个比较重要的第三产业部门中，房地产业的从业人员年平均增长率低于金融保险业和社会服务业，而高于批发零售贸易和餐饮业。

1995～2002 年上海有关产业从业人员数量的变化 表 5-15

产业名称	1995	2002	年平均增长率
制造业（万人）	356.2	268.5	-4.0%
建筑业（万人）	32.0	31.7	-0.1%
第三产业（万人） 其中：批发零售贸易和餐饮业 交通运输仓储和邮电通讯业 金融保险业 社会服务业	302.1 91.8 36.0 5.6 35.1	352.5 115.5 32.3 12.6 60.0	2.2% 3.3% -1.5% 12.3% 8.0%

资料来源：相关年度《中国统计年鉴》。

另一方面，与同期全国房地产业直接就业效应相比，上海房地产业的直接就业效应当说还是比较相似的，并无显著的差异。据统计，1995～2004 年，全国房地产业从业人员数量增加了 53 万人，年平均增长率为 5.8%，比同期上海房地产业从业人员数的年平均增长率高出 1.8 个百分点。尽管如此，2004 年房地产业在全国从业人数总量中的比重也只有 0.2%，10 年间仅增长加了 0.1 个百分点，并且比当年上海房地产业在全市从业人口数中的比重也低 0.8 个百分点。

全国及上海房地产业从业人员情况 表 5-16

年份	1995	1996	1997	1998	1999
全国房地产业从业人员（万人）	80	84	87	94	96
全国从业人员（万人）	62 388	68 850	69 600	69 957	70 586
房地产业在全国从业人员中的比重(%)	0.1	0.1	0.1	0.1	0.1
上海占全国房地产业从业人员的份额(%)	7.1	7.9	—	7.9	7.8
年份	2000	2001	2002	2003	2004
全国房地产业从业人员（万人）	100	107	118	120	133
全国从业人员（万人）	71 150	73 025	73 740	74 432	75 200
房地产业在全国从业人员中的比重(%)	0.1	0.1	0.2	0.2	0.2
上海占全国房地产业从业人员的份额(%)	8.0	7.6	7.5	6.9	6.5

资料来源：相关年度《中国统计年鉴》。

众所周知，在主流产业结构理论中，有所谓"配第—克拉克定理"一说。它解释的是经济增长过程中三次结构的变动规律。其中，第三产业在就业人口和 GDP 中的比重将随着以人均 GDP 为主导衡量指标的经济增长而逐步上升，并且第三产业在就业人口中所占的份额通常要高于其在 GDP 中所占的份额。也正因为如此，在经济增长达到一定水平之后，第三产业往往成为国民就业的最大领域。经济越发达，第三产业从业人员在就业人口中所占的比重也往往越高。20 世纪 90 年代以来上海经济增长和就业结构的变化也早已证实了这一点。至于为什么上海房地产业从业人员数量增长速度会远远低于其增加值增长速度，我们认为大致存在着如下两方面的原因：

第一，房地产业的固有特性使其难以提供与其经济规模相应的就业机会。与大多数第三产业部门不同的是，房地产业并不是一个"劳动密集"的产业。在房地产的开发和经营过程中，实际上并不需要太多的劳动投入。至少与其投资规模、开发规模和经营规模相比，由房地产开发和交易活动的社会分工以及特定流程所致，真正由房地产企业投入的劳动力规模其实是相当有限的。例如在一个销售收入上亿的楼盘开发经营过程中，房地产企业实际上只需要在销售、投融资和企业内部管理等环节上投入足够的劳动力，而在规划设计、土建、房屋施工等环节上，其主要借助于社会分工的力量。这样，对于房地企业来说，即使是上亿的销售收入，往往也只需要数十人的投入就够了。相反，对于一个销售收入同样过亿的商业零售企业来说，其所需要的劳动力投入就远不止数十人的规模了。

第二，上海房地产业经济高速增长的特殊性必然导致其 GDP 增长率与从业人员数量增长率之间的悬殊差距。如前所述，造成 20 世纪 90 年代以来上海房地产业经济高速增长的首要因素，乃是由制度变迁所致的房地产迅速商品化和房地产业的迅速市场化。也正因为如此，这一高速增长在本质上属于非常规增长。这样，房地产业 GDP 增长率显著高于从业人员数量的增长率就是一个很正常的现象了。另外，由于历史的原因，上海房地产业中几乎所有的企业都是 20 世纪 80 年代以后建立的，既不存在计划经济体制所造成的所谓"冗员"包袱，又大多从企业建立的初期开始就形成了较有效率的劳动力任用机制，从而在一定程度上促成了上海房地产业就业规模扩张速度较慢的结果。

既然上海房地产业经济增长的直接就业效应较小，那么从政府的角度来说，显然就没必要把房地产业作为一个吸纳就业、实施充分就业战略的重要领域。

5.3.3　高速增长的风险

我们在前文中已经指出，房地产不仅属于消费产品，而且还属于投资品。从企业角度来说，购买或者租赁房地产是其开展生产经营活动不可缺少的条件；同时，企业购买或者租赁房地产有时还能产生直接的投资收益。从居民的角度来说，购买或者租赁房地产是其生活消费不可缺少的活动；同时，居民购买或者租赁房地产有时也能够获取直接的投资收益。正因为在房地产交易过程中包含了相当部分的以投资为目的的活动，所以房地产业的风险也就由此而生。特别是在像上海这样房地产业规模庞大的城市，房地产业的持续高速发展所可能引发的风险尤其引人关注。一般而言，房地产业风险的根源有四：

（1）价格波动。众所周知，商品价格决定于供求关系，但由于大量不确定性因素的存在，商品价格事先很难被准确预期。这样，在以投资为目的的商品交易过程中，商品价格波动就成为投资者面临的主要风险。在房地产市场上，其价格风险主要表现为一定时间内价格的快速上涨导致需求锐减，结果引发房地产价格的暴跌，使部分投资者蒙受巨大的经济损失。因此，在理论上，人们习惯于把主要由投资因素引起的房地产价格脱离市场基础的持续性上涨称为"房地产泡沫"。房地产泡沫是泡沫经济中最常见的价格泡沫现象，这是由房地产行业本身的特点决定的，它具有容易引起泡沫的资产领域一般具有的特点，即：①由于房地产建设周期长，导致房地产的供给和需求之间存在时滞，难以达到均衡；②在所有的生产要素中，土地的供给弹性最小。经济过热时对房地产的需求旺盛，而房地产建设受有限的土地供给的限制，特别是城市中心地区的土地，不可能随价的上涨而增加。于是，在一定的时间内，房地产价格可以与投入的货币数量同比例地上涨。因此，土地资源的稀缺限制了土地的供给弹性，加速了房地产价格的飙升，从而引起了房地产泡沫。

（2）住房按揭制度的杠杆效应。在大多数房产交易中，购买方通常借助于中长期的按揭贷款支付大部分房款。在房地产开发活动中，开发商也大多习惯于将土地或土地使用权抵押给银行，加之住房按揭制度的保障，使得开发商很容易以较小的资本进行较大规模的开发。对于银行来说，由于房地产是不动产，容易查封、保管和变卖，以至于其往往认为这种贷款风险很小，在利润的驱动下银行也非常愿意向房地产投资者和开发商发放以房地产作抵押的贷款。此外，在房地产业经济持续高速增长过程中，银行部门还会过于乐观地估计抵押物的价值，从而加强了借款人投资于房地产的融资能力，进一步加剧了房地产价格的上涨和产业的扩张。显然，如果购买的目的只是为了个人消费，那么这自然将有助于居民在合理预期前提下能够以小部分的现期支付尽可能早地改善居住条件。但是如果购买的目的是为了投资（包括转售、出租以及所谓资产增值等），那么一旦房地产泡沫破灭，投资者便很可能因为投资出现较大损失而无力按期归还按揭贷款，致使金融机构和金融市场受到更大的风险波及。

（3）非理性投机。众所周知，只要存在投资活动，那就必然会有投机者。在房地产市场中，投机者既是价格风险的承担者，也是价格风险的参与者，其不仅促进价格的形成，而且还提高了市场的流动性。不过理论和经验早已表明，并不是所有的投机者都是理性投机者，非理性投机是不可避免的。作为一种赌博式的交易，非理性投机行为固然会给投机者自身带来损益，但由于其投机活动并不是建立在理性分析和判断的基础之上，也几乎不考虑自身承受风险的能力和所谓的道德标准，因此其行为难免会导致房地产市场价格信号的失真和扭曲，从而给整个房地产业带来额外的风险。

20世纪90年代以来上海房地产业经济的持续高速增长在为上海经济增长做出了巨大贡献的同时，也不可避免地孕含着相应的风险。特别是近年来上海房地产价格的快速上涨，事实上已经迫使人们不得不正视作为上海经济支柱产业的房地产业所面临的风险问题。其中，两大亟待研究的风险问题是：

第一，上海房地产市场的价格风险。近年来，各方对上海房地产价格的快速上涨的问题一直存在不同看法，其中大多数人士都不否认上海房地产市场存在泡沫，2004年以来中央和上海市政府对房地产市场的宏观调控就是一个明证。各方争议的焦点，实际上是上海房地产市场泡沫的程度。例如，张红的有关研究显示，2003年上海实际住宅价格指数与根据经济基本面发展预测得到的住宅价格指数之间存在着较大的差距，实际住宅价格水平约比所谓合理的价格水平高出22%左右。[①]又如上海市房地产经济学会课题组的《房地产泡沫问题研究》课题报告认为，上海房地产价格的增长主要是由于土地成本刚性推动造成的，价格泡沫因素每年平均在2%左右。因此，房地产价格的泡沫因子短期不会引起房地产泡沫经济，但到2003年时上海房地产市场已经处于投机性预期与非投机性预期的临界点。[②]

第二，上海房地产市场可能存在的"泡沫"对上海金融业的影响。据统计，2004年上

---

① 张红：《房地产经济学》，清华大学出版社，2005年，第435~439页。
② 上海市房地产经济学会课题组：《房地产泡沫问题研究》，2005年。

海住宅按揭贷款余额为2 445.53亿元，比2001年增长了2.8倍，年平均增长率高达55.5%，远高于同期上海房地产业增加值和住宅销售面积的年平均增长率。不仅如此，在全市金融机构的贷款余额中，住宅按揭贷款余额所占的比例也从2001年的7.6%，上升至2004年的16.3%，四年中提高了8.7个百分点。住房按揭贷款占全市中资机构贷款余额的比例，则更是从2001年的9.0%，上升至2004年的19.8%，四年中竟提高了10.8个百分点（参见表5-17）。如果再加上当年房地产开发企业358.68亿元的国内贷款，那么2004年上海房地产业至少占用了上海金融机构2 814.21亿元各类贷款[①]，相当于当年全市金融机构贷款余额的18.8%和当年全市中资金融机构贷款余额的22.7%。毫无疑问，如果上海房地产市场确实存在较严重的泡沫，那么一旦泡沫破灭，必将对上海金融业造成极大的冲击。

2001～2004年上海房地产贷款规模　　　　　　　　　　　　表5-17

年份	2001	2002	2003	2004
个人消费贷款总额（亿元）	1 009.50	1 513.67	2 276.42	3 019.07
个人消费贷款（亿元）	743.50	1 195.69	1 930.03	2 672.65
住房按揭贷款（亿元）	650.00	1 086.71	1 709.13	2 445.53
汽车消费贷款（亿元）	22.62	41.45	84.68	79.28
公积金贷款（亿元）	266.00	317.98	346.39	346.42
住宅按揭贷款占个人消费贷款比重（%）	87.40	90.90	88.60	91.50
全市金融机构贷款余额	8 543.02	10 550.94	13 168.05	14 972.01
中资金融机构人民币贷款余额（亿元）	7 187.90	9 073.78	11 182.21	12 380.21
短期贷款（亿元）	4 139.39	4 714.34	5 052.02	4 880.22
个人消费短期贷款（亿元）	46.05	40.87	54.88	52.76
中长期贷款（亿元）	2 174.46	3 111.18	4 561.50	6 056.11
个人消费长期贷款（亿元）	697.46	1 154.82	1 875.15	2 619.89

　　资料来源：有关年度《上海统计年鉴》。

---

　①在此我们假设当年上海所有房地产开发企业的贷款都来源于上海本地的金融机构。

6 房地产业与上海经济增长：前景与政策

对于上海房地产业来说，2005 年是极其特殊的一年。在国家宏观调控和地方政府的努力下，上海房地产价格快速上涨的势头得到了遏止，上海房地产业已经显现出趋于稳定成长和结构优化新阶段的迹象。特别是上海市"十一五"规划中首次取消了对所谓支柱产业的直接阐述，同时把完善房地产市场体系，促进房地产业稳定健康发展列为"十一五"期间上海房地产业发展的基本方针。①可以断言，从 2006 年起，上海房地产业的成长将进入一个新的阶段。

6.1 上海房地产业与上海经济增长的进一步透视

在经历了长期持续高速发展和多次宏观调控之后，虽说我们有理由预言上海房地产业将步入一个新的成长阶段，但上海房地产业的成长前景究竟如何，仍然有着众多需要进一步研究的问题。本节将在前文分析的基础上，运用计量经济分析方法，对由历史经验所反映的上海房地产业与上海经济增长的若干关系做出相应的实证判断。

6.1.1 上海房地产开发投资与上海经济增长：回归分析

投资从来就是经济增长的动力之一。在城市经济中，房地产开发投资与整个城市经济之间也当然存在着密切的关联。为了进一步分析上海房地产开发投资额与上海 GDP 之间的关系，我们采用从《上海统计年鉴》获得的 1987~2004 年上海 GDP 和房地产开发投资额时间

---

① 参见：《中共上海市委关于制定上海市国民经济和社会发展第十一个五年规划的建议》，２００６ 年 １ 月 １１ 日。

序列，每个序列共18个数据。首先用上海市居民消费价格指数（以上年为100）编制上海市居民消费价格指数（以1987年为100）序列（CPI），并用此序列对上海市GDP和房地产开发投资额进行调整以得到可比数据（参见表6-1和6-2）。

上海市GDP、房地产开发投资额及上海市居民消费价格指数　　　　表6-1

年份	GDP（亿元）	房地产开发投资额（亿元）	CPI（以上年为100）	年份	GDP（亿元）	房地产开发投资额（亿元）	CPI（以上年为100）
1987	545.46	0.97	108.1	1996	2 902.2	657.79	109.2
1988	648.3	1.68	120.1	1997	3 360.21	614.23	102.8
1989	696.54	1.85	115.9	1998	3 688.2	577.12	100
1990	756.45	8.16	106.3	1999	4 034.96	514.83	101.5
1991	893.77	7.59	110.5	2000	4 551.15	566.17	102.5
1992	1 114.32	12.71	110	2001	4 950.84	630.73	100
1993	1 511.61	22.04	120.2	2002	5 408.76	748.89	100.5
1994	1 971.92	117.43	123.9	2003	6 250.81	901.24	100.1
1995	2 462.57	466.2	118.7	2004	7 450.27	1 175.46	102.2

调整后的上海市GDP和房地产开发投资额　　　　表6-2

年份	GDP（亿元）	房地产开发投资额（亿元）	CPI（以1987年为100）	年份	GDP（亿元）	房地产开发投资额（亿元）	CPI（以1987年为100）
1987	545.46	0.97	100.00	1996	835.92	189.46	347.19
1988	539.80	1.40	120.10	1997	941.48	172.10	356.91
1989	500.40	1.3	139.20	1998	1 033.37	161.70	356.91
1990	511.23	5.51	147.97	1999	1 113.82	142.12	362.26
1991	546.64	4.64	163.50	2000	1 225.67	152.48	371.32
1992	619.58	7.07	179.85	2001	1 333.31	169.86	371.32
1993	699.23	10.20	216.18	2002	1 449.39	200.68	373.18
1994	736.21	43.84	267.85	2003	1 673.36	241.26	373.55
1995	774.55	146.63	317.94	2004	1 951.53	307.90	381.77

利用表6-2中的数据，我们首先进行两个时间序列的相关性分析，得到上海GDP与上

海房地产开发投资额的相关系数 0.947，两者之间具有高度的相关性[①]。因而可以考虑使用变量之间的回归分析来考查两者之间的关系。

首先考虑如下回归方程：

回归一：$GDP = \alpha INVEST + C$

回归二：$\ln GDP = \alpha \ln INVEST + C$（即对 GDP、$INVEST$ 取对数后的回归）

结果如表 6-3 所示。

回归结果（一）

表 6-3

	变量	$INVEST$	C	DW	F 统计量	$Adj.R$
回归一	系数或值	20.351 05	740.421 5	0.58	137.96	0.89
	T 值	11.745 62	2.937 732	—	—	—
	变量	$\log INV$	C	DW	F 统计量	$Adj.R$
回归二	系数或值	0.181 137	6.117 052	0.3	49.29	0.74
	T 值	7.020 472	57.980 24	—	—	—

注：$\log INV$ 为房地产开发投资额取对数后的序列，$\log GDP$ 为 GDP 的对数序列（下同）。

从这两个回归方程的回归结果来看，回归方程除了 DW 值较小外均具有较强的显著性，而 DW 值表示变量可能存在着一阶甚至高阶的自相关。

由于房地产开发活动是一个时间较长的过程，经常要经过 2～3 年甚至更长的时间，前期的房地产开发投入有滞后的影响，因此下面采用的回归方程中将增加房地产开发投资额的滞后项（在回归方程以变量后的小括号内的数字表示滞后的阶数），以反映这一滞后影响。考虑以下方程：

回归三：$GDP = \alpha_1 INVEST + \alpha_2 INVEST(-1) + C$

回归四：$GDP = \alpha_1 INVEST + \alpha_2 INVEST(-1) + \alpha_3 INVEST(-2) + C$

[①] 进行变量之间相关性分析还可以采用的另一种分析方法就是灰色关联度分析法，基本思想是根据序列曲线几何形状的相似程度来判断其联系是否紧密。曲线越接近，相应序列之间的关联度就越大，反之就越小。运用此方法可以弥补我国统计数据十分有限，而且现有数据真实性不强等造成的采用数理统计方法往往难以奏效的不足。同时它对样本量的多少和样本有无规律都同样适用，而且计算量小，十分方便。因此该方法一经推出便得到了广泛的应用。笔者利用上述数据对 GDP 和投资额的灰色关联度进行了计算，得到如下结果：以 GDP 作为系统行为序列，而房地产开发投资为因素序列，两者的绝对灰色关联度为 0.637，相对灰色关联度为 0.503，取 $\theta = 0.5$ 的情况下综合灰色关联度系数为 0.570。这反映了房地产开发投资与 GDP 有较强的灰色相关性，对 GDP 有所拉动作用。然而灰色关联度系数的相对大小可以用来说明在各影响因素中的主要因素和次要因素，但关联系数的绝对数的实际意义有限。可参阅刘思峰：《灰色系统理论及其应用》，科学出版社，1999 年。

回归五：$GDP = \alpha_1 INVEST + \alpha_2 INVEST(-1) + \alpha_3 INVEST(-2) + \alpha_4 INVEST(-3) + C$

结果如表 6-4 分别所示。

回归结果（二）　　　　　　　　　　　　　　表6-4

回归三	变量	$INVEST$	$INVEST$ (-1)	C			DW	F统计量	$Adj. R$
	系数或值	14.51	6.67	778.14			0.5	60.24	0.88
	T值	2.51	1.04	2.81			—	—	—

回归四	变量	$INVEST$	$INVEST$ (-1)	$INVEST$ (-2)	C		DW	F统计量	$Adj. R$
	系数或值	22.88	-19.36	19.34	744.8		1.09	61.98	0.92
	T值	4.34	-2.04	3.25	3.16		—	—	—

回归五	变量	$INVEST$	$INVEST$ (-1)	$INVEST$ (-2)	$INVEST$ (-3)	C	DW	F统计量	$Adj. R$
	系数或值	18.51	-7.47	1.55	11.25	775.59	1.03	46.05	0.93
	T值	3.3	-0.66	0.13	1.78	3.15	—	—	—

　　虽然尝试过对模型进行修改，但回归模型按拟合效果特别是 DW 值并没有特别大的改善，同时却引起了滞后项 T 检验不显著等。如果上述五个回归方程可信的话，那么从上述五个回归方程来看，房地产开发投资额具有对上海 GDP 的解释力度，即拉动了上海经济增长。

　　不过根据计量经济学理论，如用于回归分析的时间序列变量为非平衡过程时，使用最小二乘法估计得到的结果可能是伪回归，此时即便各个统计量显著也没有什么意义。对伪回归有多种补救方法，其中之一就是在回归中包含因变量和自变量的滞后值。为此，我们将 GDP 的一阶滞后项加到回归方程右边，再进行分析。

　　考虑以下方程：

回归六：$GDP = \alpha_0 GDP(-1) + \alpha_1 INVEST + \alpha_2 INVEST(-1) + C$

回归七：$GDP = \alpha_0 GDP(-1) + \alpha_1 INVEST + \alpha_2 INVEST(-1) + \alpha_3 INVEST(-2) + C$

结果如表 6-5 所示。

　　此两个回归方程的采用使得 DW 值进一步增加，而模型按拟合的效果也得到改善。虽然在回归中包含滞后变量足以解决与伪回归相关的许多问题，然而某些假设检验仍包含非标准分布。如果需要完全解决这一问题，则需要引入另一种解决方法，这就是单位根与协整检验。

回归结果（三） 表6-5

	变量	GDP(-1)	INVEST	INVEST (-1)	C		DW	F统计量	Adj. R
回归三	系数或值	1.08	3.50	-2.92	70.08		1.22	1109.53	1.00
	T值	18.30	2.68	-2.10	1.04		—	—	—

	变量	GDP(-1)	INVEST	INVEST (-1)	INVEST (-2)	C	DW	F统计量	Adj. R
回归四	系数或值	1.10	2.94	-2.08	-0.76	60.61	1.20	647.65	0.99
	T值	12.11	1.34	-0.70	-0.33	0.70	—	—	—

6.1.2 上海房地产开发投资额与GDP的回归分析：单位根与协整检验

我们在进行单位根检验之前先将两个时间序列取自然对数，并用ADF法对其进行单位根检验，结果发现序列为非稳定序列，两者均呈一阶单整（参见表6-6）。这样，我们直接对取对数后的两个时间序列进行协整分析。

ADF单整检验 表6-6

变量中文名	变量英文名	取自然对数后的单整检验	检验形式	显著性
上海房地产开发投资额	INVEST	$I(1)$	有趋势、截距滞后3阶	1%
上海国内生产总值	GDP	$I(1)$	有趋势、截距滞后5阶	10%

由表6-7可知，上海房地产开发投资额与GDP之间存在协整关系，因而在此需要建立VEC（误差修正模型）来进行Granger因果检验。

Granger因果关系检验方法系2003年诺贝尔经济学奖得主克莱夫·格兰杰（C.W.J.Granger）提出的，用于基本变量之间因果关系的假设检验。该方法的基本思路是，如果变量 X 引起变量 Y，则变量 X 的变化将先于 Y 的变化。利用分布滞后的概念，所谓Granger因果关系的定义是：假定 $\{Y_{1t}, Y_{2t}\}$ 是两变量时间序列过程，$t-1$ 时刻的信息集为 $I_{1t-1} = \{Y_{1t-1}, Y_{1t-2} \cdots \}$，$I_{2t-1} = \{Y_{2t-1}, Y_{2t-2} \cdots \}$，$I_{t-1} = \{Y_{1t-1}, Y_{2t-1} \cdots \}$。如果条件期望 $E(Y_{1t} | I_{1t-1}) \neq E(Y_{1t} | I_{t-1}) \equiv \mu_{1t}$，则在信息 I_{t-1} 下，Y_{2t-1} 在均值意义上Granger引起 Y_1。需要指出的是，在上述定义中，$\{Y_{1t}, Y_{2t}\}$ 必须是平稳时间序列。否则 $E(Y_{1t} | I_{1t-1})$、$E(Y_{1t} | I_{t-1})$

和 $E\{(Y_{1t}-\mu_{1t})^2 \mid I_{t-1}\}$ 都将依赖时间 t 而变化，则 Granger 因果检验的结果将随时间而变化。

为了考察结果的敏感性，我们选择了不同的滞后阶数。分析结果如表 6-8 所示。以 0.1 为临界概率值，Granger 因果检验的结论表明：滞后阶数为 3 时，GDP 对房地产开发投资额存在着显著可信的单向因果关系，也就是说研究上海 GDP 的波动有助于对上海房地产开发投资额的波动进行预测，反之则不成立。

房地产开发投资额与 GDP 的 Granger 因果检验   表 6-8

变量组	原假设	检验		
		滞后阶数=1	滞后阶数=2	滞后阶数=3
$D \log INV$	$D \log GDP$ 不是 $D \log INV$ 的 Granger 原因	0.908	0.901	0.002
$D \log GDP$	$D \log INV$ 不是 $D \log GDP$ 的 Granger 原因	0.146	0.699	0.383

6.1.3 VEC 模型与广义脉冲响应

由于上海房地产开发投资额（INVEST）和上海 GDP 序列之间存在着协整关系，因此需要建立 VEC 模型做进一步分析。根据 AIC 最小原则，我们建立了滞后为 2、不带有常数向量的两变量 VEC 模型。如表 6-9 所示，误差修正项与两个变量各滞后项的组合对于 INVEST 的解释能力较强，而对于 GDP 的解释能力较弱，说明上海房地产开发投资额在很大程度上取决于人们对于经济增长的期望以及前期的投资额，而上海 GDP 的增长则不能仅用上海房地产开发投资额和前期 GDP 的增长来解释。

为了更具体分析上海房地产开发投资和上海 GDP 之间的互动关系，我们利用表 6-9 中的 VEC 模型，对上海 GDP 和房地产开发投资额（INVEST）对于 1 个标准新生信息的广义脉冲响应分别进行了计算和分析，结果如图 6-1 所示。

在图 6-1 中，纵轴上的值表示上海 GDP 和上海房地产开发投资额对 1 个标准新生信息的脉冲响应。图 6-1 中的上图显示，上海 GDP 本身对上海 GDP 标准新生信息的脉冲响应在第 1 年为 0.04%，并逐步增加，在 0.65% 处达到稳定状态。截然相反的是，上海 GDP 本身对上海房地产开发投资额标准新生信息的脉冲响应在第 1 年为 -0.03%，并逐渐减少，基本稳定在约0.60%处。

上海房地产开发投资额与GDP的VEC模型

表6-9

被解释变量	$D(\log GDP)$	$D(\log INV)$
ECM	0.06	1.16
	[2.27]	[4.64]
$D(\log GDP(-1))$	0.84	-7.03
	[3.90]	[-3.74]
$D(\log GDP(-2))$	-0.13	7.28
	[-0.59]	[3.71]
$D(\log INV(-1))$	0.00	0.22
	[0.14]	[1.54]
$D(\log INV(-2))$	0.03	0.21
	[2.10]	[1.49]
$Adj. R^2$	0.02	0.67

注：①其中 ECM 为误差修正项，$ECM = \log GDP(-1) - 0.30 \log INV(-1) - 5.34$ 。

②方括号内为 t 值。

图6-1的下图显示，房地产开发投资额对本身标准新生信息的脉冲响应在第1年为0.32%，在第2年达到最大的0.44%后逐步减小为负，在-2.0%处达到稳定状态。同样截然相反的是，房地产开发投资额本身对上海GDP标准新生信息的脉冲响应在第1年为-0.24%，在第2年达到最小的-0.43%后逐步减小为正，最后基本稳定在2.10%左右。

通过上述分别对上海房地产开发投资额和上海GDP新生信息对系统的脉冲响应进行的分析，我们可以得到以下基本结论：上海房地产开发投资额对标准新生信息的脉冲响应要远远大于GDP。这说明上海房地产开发投资额的走向对上海GDP的变化较之上海GDP对上海房地产开发而言更加敏感。也就是说，上海房地产开发投资额受上海GDP的影响远远大于其对上海GDP的影响。

综合上述各项分析，我们认为：第一，相关系数与回归模型的分析揭示了房地产开发投资额与上海GDP有着紧密的相关联系；第二，Granger因果关系的分析显示，GDP对房地产开发投资额存在单向的显著可信的Granger因果关系，即研究上海GDP的波动性有助于预测上海房地产开发投资额的走势，反之则不成立；第三，从脉冲响应的大小来看，上海房地产开发投资额对GDP脉冲的响应远远大于后者对房地产开发投资额脉冲的响应，同样表明上海GDP变化对上海房地产开发投资额的影响要显著大于上海GDP所受到的房地产开发投资额变化的影响。

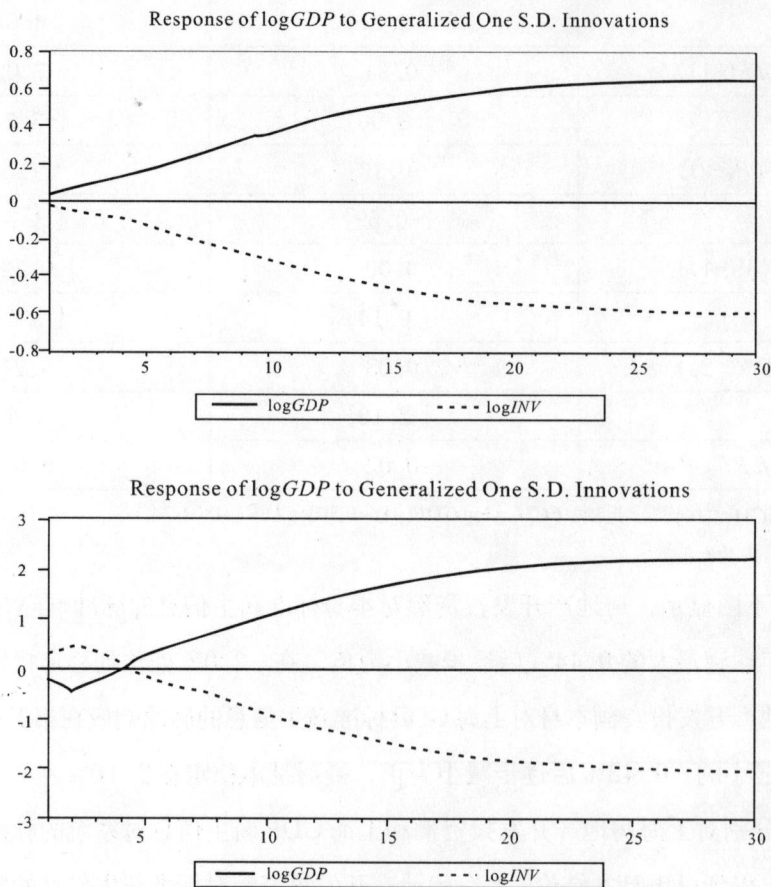

Response of logGDP to Generalized One S.D. Innovations

Response of logGDP to Generalized One S.D. Innovations

图6-1 上海GDP及房地产开发投资额对1个标准新生信息的脉冲响应

6.2 上海房地产业与上海未来经济增长：若干判断

本项研究的一系列结果表明，尽管上海房地产业属于当年上海经济少数几个支柱产业之一，但是其对上海经济的关联效应和推动作用却并不显著。为此，我们在下文中，将着重讨论上海房地产业的这种支柱地位的持久性，以及作为上海房地产业主体的住宅投资与上海经济增长之间关系演变的前景。

6.2.1 支柱地位的持久性

如前所述,作为上海经济增长的支柱产业,上海房地产业在"十五"期间对上海经济增长做出了十分突出的贡献。那么,在"十五"之后,上海房地产业的这种名义上的支柱地位是否还能一如继往地保持下去,或者说还能保持多久,便成了一个不得不回答的有关上海房地产业成长前景的问题。

我们所谓的支柱地位的持久性,指的是某产业的产出不仅在区域或国民经济中持续地占有较大的份额,而且至少在可以预见的时期内,该产业并不存在难以逆转的衰退迹象。如果以统计学的术语来说,那就是一个能够持久保持支柱地位的产业必须具备如下两个特征:第一,该产业在国家或区域经济总量中的份额在各产业中位居前列,即若以GDP计,则其GDP比重在全部产业中当持续地处于前列;第二,该产业对国家或区域经济增长的贡献率在可以预期的时期内当大多为正,或者至少保持持续上升的态势,即若以GDP计,则该产业对国家或区域GDP增长的贡献率在可以预期的大多数年份应当为正,或者至少保持贡献率上升的态势(包括贡献率为负的情况)。

因此,判断房地产业在未来上海经济增长中支柱地位能否持久,实际上需要分析和判断的就是房地产业在未来上海GDP中的份额变化以及对上海GDP增长的贡献率变化。

上海是我国经济总量最大、经济发展水平最高的城市,经济增长的潜力巨大。何况在上海市"十一五"规划中,明确提出在2006~2010年期间继续保持经济持续较快健康发展,全市生产总值年均增长9%以上的战略目标。因此可以断言,至少在未来五年内,上海GDP仍将保持两位数左右的高速增长。因此,房地产业能否继续保持在上海经济中的支柱地位,关键在于其能否在现有总量的基础上,继续保持一定程度的增长态势。如果房地产业在上海GDP中所占比重已经居于"支柱"之列,那么只要其增加值的增长率不长期为负,或者不出现难以逆转的下降态势,那么其支柱地位应当说是不容置疑的。

根据以往的经验和现行的主流看法,上海经济至少在相当长的一个时期内仍将是一个工业和服务业部门较为齐全、多数产业规模较大的体系,而不会出现极少数几个产业占据了全市GDP大多数的局面。因此,在全市GDP中所占份额能够较稳定地居于前六位的产业,应当说就是支柱产业。就此而言,在"十一五"期间上海房地产业是否能够继续保持支柱地位,关键因素便在于其在全市GDP中的比重是否一直能够保持在前六位。由于我们在第5章运用支出法和收入法剖析上海房地产业增加值构成时，已经指出上海房地产业增加值不太可能发生足以动摇其支柱地位的绝对规模的严重衰退，因此本节判断上海房地产业支柱地位能否持久，只需要分析在未来若干年内上海除现有支柱产业之外的其他产业是否有可能超过房地产业的增加值水平即可。

首先，从第三产业来看，即便上海市"十一五"规划确立了优先发展现代服务业的基本方针，20世纪90年代以来第三产业在上海GDP中的比重也逐步提高，除了金融业、批发和零售业之外，在"十一五"期间不太可能有其他产业的增加值超越房地产业。如表6-10所示，在2004年上海所有第三产业部门中，增加值位居金融保险业、房地产业、批发和零售业这三大产业之后的交通运输、仓储和邮政业的增加值仅为362.44亿元，只相当于当年房地产业增加值的58.2%。如果该产业增加值要在2010年赶上房地产业，除了年平均增长率必须保持在9.4%（与2001～2004年该产业增加值年平均增长率基本持平）以上外，还得假设在2005～2010年间上海房地产业增加值为零增长。或者，我们假定在 n 年后交通运输、仓储和邮政业的增加值赶上了房地产业，期间这两个产业的年平均增长率分别为 和 ，则有：

$$362.44(1+x)^n = 622.59(1+y)^n \qquad (6-1)$$

由上式可得：

$$\left(\frac{1+x}{1+y}\right)^n = \frac{622.59}{362.44} \approx 1.72$$

$$\left(\frac{1+x}{1+y}\right) = \sqrt[n]{1.72}$$

最终可得：

$$x = \left(\sqrt[n]{1.72} - 1\right) + y\sqrt[n]{1.72} \qquad (6-2)$$

显然，n 越大，x 将越接近于 y。我们设 $n=6$，则 $x=0.094+1.094y$。也就是说，如果到2010年时交通运输、仓储和邮政业的增加值赶上了房地产业，那么2004～2010年间该产业增加值的年平均增长率至少要比同期房地产业增加值年平均增长率高出9.4个百分点以上。这对于2001～2004年间增加值年平均增长率为9.7%的交通运输、仓储和邮政业来说，无疑是极其困难的。

其次，从第二产业来看，虽然上海市"十一五"规划中仍把先进制造业置于优先发展的地位，但从上海现有制造业部门的实际能力来看，似乎很难在较短时期内取代房地产业的支柱地位。由于官方统计资料中最新披露的各制造业部门增加值是2003年的数据，因此我们只能以此作为推算的依据。如表6-11所示，在上海重点扶持的六大先进制造业部门中，除了汽车制造业和电子信息产品制造业已位列支柱产业之外，其余四个产业的增加值和增长趋势还不及有着建设国际航运中心这一东风相助的交通运输、仓储和邮政业。因此，倘若后者赶超房地产业的地位都很困难的话，那么这四个制造业部门成为支柱产业的可能性自然是极小的。

2001～2004年上海第三产业增加值（单位：亿元）　　　　　表6-10

	2001	2002	2003	2004
上海市生产总值	4 950.84	5 408.76	6 250.81	7 450.27
第三产业	2 509.81	2 755.83	3 027.11	3 565.34
交通运输、仓储和邮政业	274.36	294.07	306.69	362.44
交通运输业	242.89	256.56	272.58	324.92
仓储业	16.99	17.54	17.66	18.60
信息传输、计算机服务和软件业	159.24	194.10	228.47	260.99
批发和零售业	488.01	529.04	569.91	609.23
住宿和餐饮业	117.83	138.44	138.89	178.00
金融业	619.99	584.67	624.74	741.68
房地产业	316.85	373.63	463.93	622.59
租赁和商务服务业	63.68	78.17	82.72	—
科学研究、技术服务和地质勘查业	64.01	70.56	74.32	—
水利、环境和公共设施管理业	37.88	49.38	50.64	—
居民服务和其他服务业	45.16	59.06	61.88	71.78
教育	123.11	144.71	161.22	190.66
卫生、社会保障和社会福利业	63.96	78.97	93.17	101.25
文化、体育和娱乐	52.82	66.67	72.49	82.47
公共管理和社会组织	82.91	94.36	98.04	—

资料来源：《上海统计年鉴（2005）》。另外，由于2004年上海生产总值年报数据因经济普查原因尚在核算中，该年鉴均使用年报快报数，故部分行业细分数据暂空缺。

事实上，自房地产业在20世纪90年代末奠定了其在上海经济中的支柱地位之日起，由房地产业自身的固有特性所致，在包括"十一五"在内的未来相当长的时期内，房地产业仍将是上海经济增长中难以动摇的支柱产业。除了我们在第5章中提及的房地产业增加值构成因素之外，还存在着另外两个较为重要的因素，即：

第一，上海房地产业不会受到上海以外房地产业的竞争压力。前文已经指出，房地产业的市场空间基本以一定区域为限，这样，无论区域内房地产业市场竞争如何，其不存在由所谓比较优势导致的区域之间的竞争。在上海市范围内，房地产业固然有价格、成本和规模波动，各房地产开发和经营企业固然也有公司兴衰，但房地产业的总产出不会发生因上海以外地区甚至是国外的因素而导致的增长减缓，甚至是绝对产出量的减少。反之，在上海绝大多数制造业部门，尽管因为市场空间较大（国内市场乃至全球市场），但受不同经济增长阶段成本和资源条件的限制，很难避免因比较优势和市场竞争力的丧失而出现衰退的局面。就此而言，上海房地产业作为支柱产业的持久性往往要比大多数制造业部门长得多。

第二，上海房地产的投资和开发价值还将有着较大的潜力。2004年，按常住人口计算，上海人均GDP为44 727元；按户籍人口计算，上海人均GDP为55 307元。如果我们相信上海经济还将持续增长并达到发达水平，那么毫无疑问的是，上海房地产业仍将有进一步增长的较大空间。这不仅是因为房地产是任何经济增长阶段城市经济发展必不可少的条件，而且还因为由房地产业的固有特性所致，在城市经济达到高度发达水平之前，房地产价格水平在总体上仍然会有较大的上升空间。

2003年上海六大重点工业部门的增加值 表6-11

行业名称	增加值（亿元）
电子信息产品制造业	370.64
汽车制造业	441.02
石油化工及精细化工制造业	246.80
精品钢材制造业	299.86
成套设备制造业	240.17
生物医药制造业	66.63

资料来源：《上海统计年鉴（2004）》。

6.2.2 SHTO分析

鉴于上海GDP的变化对上海房地产开发投资有着重要的影响，为此我们在此将采用SHTO分析方法，对未来上海住宅开发投资的走向做一大致的判断。

所谓SHTO，即"the share of housing investment as a percentage of total output"的简称，表示住宅投资额占总产出中的百分比。它是一个用来研究住房投资和国民经济关系的经济指标，由Burns和Grebler于1976年提出。他们通过对39个处于不同经济发展阶段的国家样本的分析，认为SHTO值和国家的经济增长水平之间存在着如图6-2所示的关系。其中，纵轴为SHTO值，横轴为国家的经济增长水平，通常用人均GDP来衡量。他们的研究发现，SHTO值和人均GDP之间存在着二阶函数的关系，即图6-2所示的倒U模型。其中，不发达国家的SHTO值为2%，经济发展到一定程度后达到8%；而发达国家一般为3%~5%。另外，在人均GDP为1500美元左右的时候，SHTO达到最大值，并且在峰值附近可以比较长期地保持稳定。

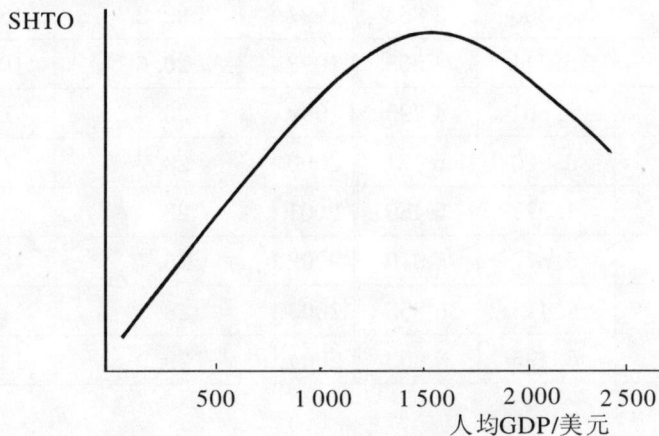

图6-2　SHTO倒U形曲线

显然，SHTO分析有助于一个国家把握和协调住房投资与国民经济发展之间的关系，甚至还可以作为预测住宅投资走向的重要工具。例如，张红研究了中国在不同的发展水平上SHTO变动的曲线，并拟合了中国的SHTO曲线。根据其拟合的方程以及预测的GDP测算出中国SHTO峰值为9.790，略高于Burns和Grebler（1976年）的统计结论；此时，中国人均GDP为14 550元，按其做此项研究时的汇率合约1 760美元，同样比Burns和Grebler（1976）得出的1550美元略高。[①]

由于房地产业具有较强的地区差异性和城乡差异性，因此SHTO分析方法能否用于类似上海这样一个城市似乎尚无定论，因此我们的分析也只是探索性质的。

①张红：《房地产经济学》，清华大学出版社，2005年，第439~446页。

1．基础数据

为拟合上海市的SHTO曲线，我们搜集并计算了1981～2004年的相关数据，如表6—12和图6—3所示。

上海SHTO曲线拟合数据资料一览表　　　　　　　6—12

年份	住宅投资额/固定资产投资总额（%）	住宅投资额/GDP（%）	人均GDP(元)	年份	住宅投资额/固定资产投资总额（%）	住宅投资额/GDP（%）	人均GDP(元)
1981	18.1	3.039	2 813	1993	11.8	5.103	11 700
1982	15.3	3.249	2 877	1994	26.8	15.247	15 204
1983	14.7	3.172	2 963	1995	27.1	17.614	18 942
1984	17	4.022	3 259	1996	23.9	16.091	22 275
1985	21.2	5.395	3 855	1997	23.2	13.637	25 750
1986	19.1	5.711	4 008	1998	20.6	10.980	28 240
1987	19.2	6.561	4 396	1999	20.4	9.388	30 805
1988	18.2	6.900	5 161	2000	23.7	9.754	34 547
1989	16.1	4.977	5 489	2001	23.4	9.427	37 382
1990	18.9	5.677	5 910	2002	26.7	10.807	40 646
1991	18.9	5.473	6 955	2003	28.3	11.107	46 718
1992	17.1	5.495	8 652	2004	29.9	12.384	55 307

资料来源：《上海统计年鉴（2005）》。

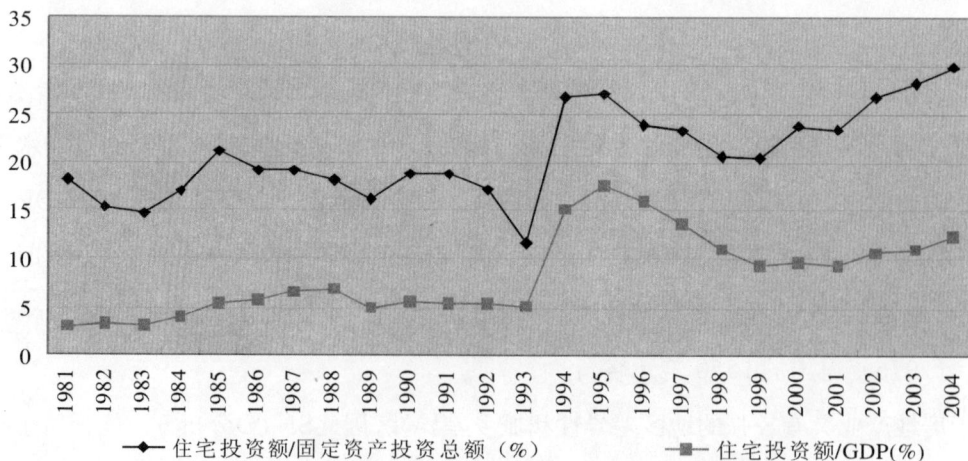

图6—3　上海住宅投资占固定资产投资和GDP的比重

从图6-3可以看出，上海市住宅投资（HI）额占固定资产投资总额和GDP的比重变动过程中有一定的波动性。1989～1993年间，住宅投资占GDP的比重趋于较稳定状态，而住宅投资额占固定资产投资总额的比重先升后降，尤其是1992年降幅颇大。1993年这两个指标均达到波谷，之后呈现较为一致的同向变动趋势。我们认为，以1993年为分水岭，之前和之后两个阶段决定上海住宅投资规模的因素是不同的。1992年邓小平南巡，上海经济向市场化转型，上海房地产市场正式启动，消费者除了通过传统的分房方式获得房屋所有权外，开始从个人市场上购买房屋。在市场经济条件下，住宅投资决策表现得相对理性、有序；而在计划经济条件下，行政部门主观的判断和决策会对住宅投资规模产生更大的作用。

另外，需要特别指出的有以下几点：其一，上海人均GDP于1994年就已经达到15 204元，高于Burns 和Grebler（1976年）得出的1 550美元，也高于张红（2005年）得出的14 550元，在这种情况下该研究能否得到倒U形的SHTO拟合图？其二，Burns 和Grebler（1976年）所选的39个国家都被研究者认定达到了足够的市场化程度，而上海的市场化程度虽然提高了，但是否也满足了Burns 和Grebler所谓的足够的市场化程度？其三，1992年邓小平南巡才确定了经济体制向市场化转型；并且根据上海房地产业的发展史，1984年住宅开始商品化，1988年允许土地批租，1996年推行住房公积金制度，1998年停止住房实物分配、实行住房分配货币化，到这时住宅的需求力量得到了进一步释放，当然政策因素对于上海市住宅投资的影响不仅仅是这些。因此，我们将主要关注1981～2004年以来上海SHTO值的特征，并不强调借此对其未来值进行预测。

2．实证分析

根据SHTO理论和上文的分析，可以建立理论模型：

$$Y = a_1 X^2 + a_1 X + a_3$$

式中，Y表示住宅投资额占GDP的比重，X为人均GDP。

SHTO值选用HI占GDP的百分数。人均GDP选用人民币为单位，但是考虑到上海市人均GDP的量已经达到万元人民币，直接以元为单位，拟合方程的高次项系数会非常小，故略作调整，以万元为单位进行拟合。

此项研究采用不同的时间段选取的方法，对SHTO值与人均GDP之间的二次曲线进行多次拟合，并对回归结果进行比较，最后将确定最佳拟合曲线对SHTO值的变动进行预测。

分析结果如表6-13所示。

SHTO 二次曲线的拟合

表6-13

	时间选取		
拟合一	1981～2004	选取依据	运用尽可能多数据描述整体发展趋势
		回归方程 t值	$Y=-0.863\ 138\ 3X^2+5.895\ 366X+2.797\ 75$ (-3.22) (4.35) (2.35)
		R^2	0.597 9
		上海人均GDP对上海SHTO值的影响 $\dfrac{\Delta Y}{\Delta X}=2a_1X+a_2$	$X=2$[①] $\quad$ $X=4$ $\quad$ $X=6$ 4.169 089 $\quad$ 2.442 813 $\quad$ 0.72
拟合二	1981～2004 (不包括1993、1994年)	选取依据	由图所示，这两年的波动幅度最大，为提升拟合优度
		回归方程 t值	$Y=-0.795\ 907\ 1X^2+5.559\ 84X+2.910\ 253$ (-3.15) (4.39) (2.67)
		R^2	0.648 9
		上海人均GDP对上海SHTO值的影响 $\dfrac{\Delta Y}{\Delta X}=2a_1X+a_2$	$X=2$ $\quad$ $X=4$ $\quad$ $X=6$ 3.968 026 $\quad$ 2.376 212 $\quad$ 0.78
拟合三	1993～2004	选取依据	市场化：Burns和Grebler在研究SHTO曲线的过程中，选取样本的重要条件是"市场化国家"[②]。虑及上文分析1993年成为HI占固定资产投资的比重和SHTO这两个指标是否变动方向一致的分水岭，以及1993年后上海已经开始并趋于完善市场化，因此，在研究上海SHTO曲线时，将样本的时间点调整到1993年之后，即选用1993～2004年的数据
		回归方程 t值	$Y=-0.063\ 210\ 3X^2+0.046\ 513\ 2X+12.343$ (-0.10) (0.01) (1.88)
		R^2	0.020 3
		上海人均GDP对上海SHTO值的影响 $\dfrac{\Delta Y}{\Delta X}=2a_1X+a_2$	$X=2$ $\quad$ $X=4$ $\quad$ $X=6$ -0.079 91 $\quad$ -0.206 33 $\quad$ -0.33

[①]表示当上海人均GDP从2万元上升为3万元时，上海SHTO值将上升4.169 089%。
[②]张红：《房地产经济学》，清华大学出版社，2005年。

表6-13（续）

	时间选取		
拟合四	1995~2004	选取依据	
		回归方程	$Y=-1.731\,623X^2-14.040\,64X+37.866\,66$ t值　　(5.94)　　　　(−6.49)　　　(10.07)
		R^2	0.880 8
		上海人均GDP对上海SHTO值的影响 $\dfrac{\Delta Y}{\Delta X}=2a_1X+a_2$	X = 2　　　　X = 4　　　　X = 6
			−10.577 4　　−7.114 15　　−3.65
拟合五	1996~2004	选取依据	住宅的货币化：住房公积金制度
		回归方程	$Y=1.692\,657X^2-13.716\,04X+37.228\,48$ t值　　(4.29)　　　　(−4.47)　　　(6.61)
		R^2	0.7796
		上海人均GDP对上海SHTO值的影响 $\dfrac{\Delta Y}{\Delta X}=2a_1X+a_2$	$X=2$　　　　$X=4$　　　　$X=6$
			−10.330 7　　−6.945 41　　−3.56
拟合六	1998~2004	选取依据	住宅的进一步货币化：停止住房实物分配，逐步实行住房分配货币化
		回归方程	$Y=0.640\,138\,5X^2-4.495\,227X+17.851\,91$ t值　　(−1.49)　　　　(1.78)　　　(2.94)
		R^2	0.735 6
		上海人均GDP对上海SHTO值的影响 $\dfrac{\Delta Y}{\Delta X}=2a_1X+a_2$	$X=2$　　　　$X=4$　　　　$X=6$
			−3.214 95　　−3.214 95　　−0.65

　　如图6-4、6-5、6-7、6-8和6-9所示，　2000年上海的SHTO达到峰值9.754，比Burns 和Grebler（1976年）对39个国家的研究结果8%要高，但相较张红（2005年）对中国的预测结果9.790来得低，另外，该年上海市人均GDP达到34 547元，远远高于前两项研究的对应值。结合上述图表，我们可以得出如下初步判断：

　　第一，从 t 检验角度而言，除了拟合三之外其他拟合分析都通过了5%的显著性t检验。这表明，采用1993~2004年的数据来做SHTO二次曲线拟合并不成功。虽然在图中我们分析以1993年作为分水岭是基于市场化的考虑，然而在这期间市场化程度仍然不高，住房需求力量仍然没有释放出来，企业自建房仍然占较大比例，从而人均GDP对SHTO的解释力度较为薄弱。

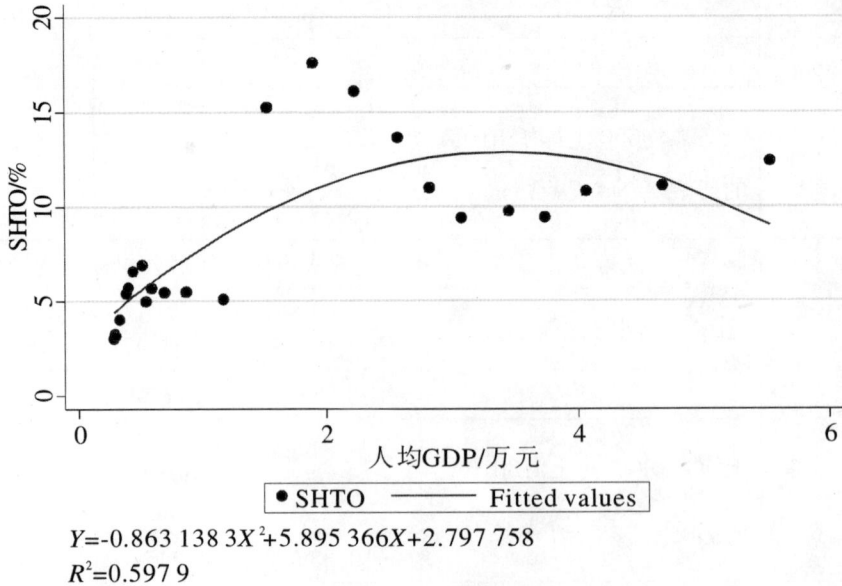

$Y=-0.863\ 138\ 3X^2+5.895\ 366X+2.797\ 758$

$R^2=0.597\ 9$

图6-4　1981～2004年数据用二次曲线拟合的结果

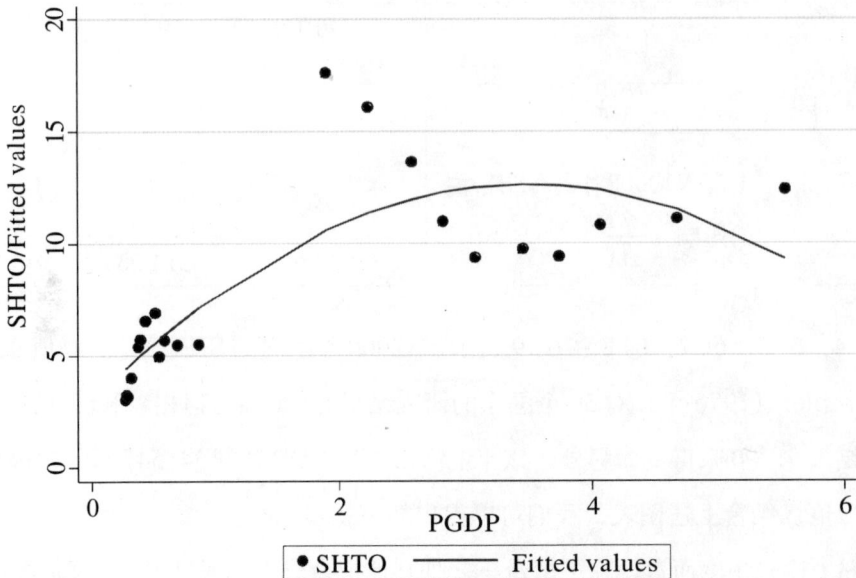

图6-5　1981～2004年（不包括1993、1994年）数据用二次曲线拟合的结果

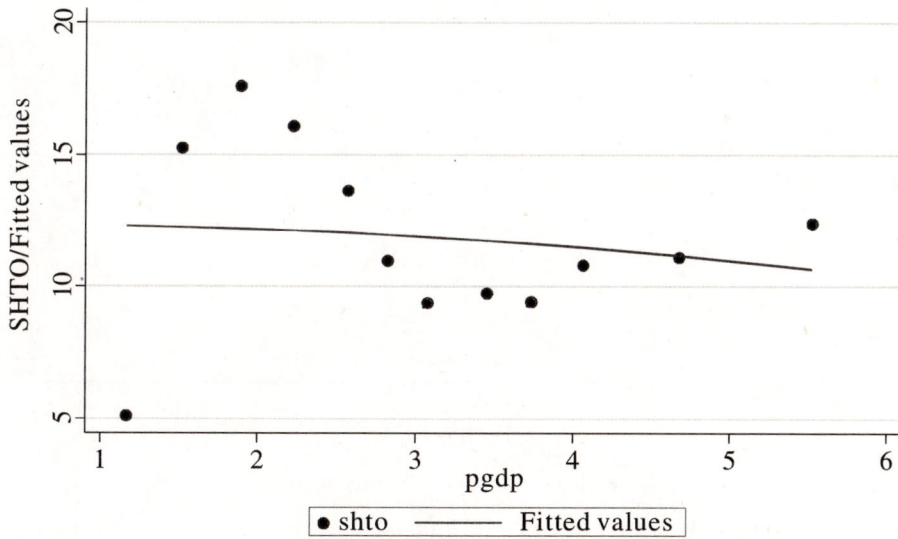

$Y=-0.063\ 210\ 3X^2+0.046\ 513\ 2X+12.343\ 4$

$R^2=0.020\ 2$

图 6-6   1993~2004 年数据用二次曲线拟合的结果

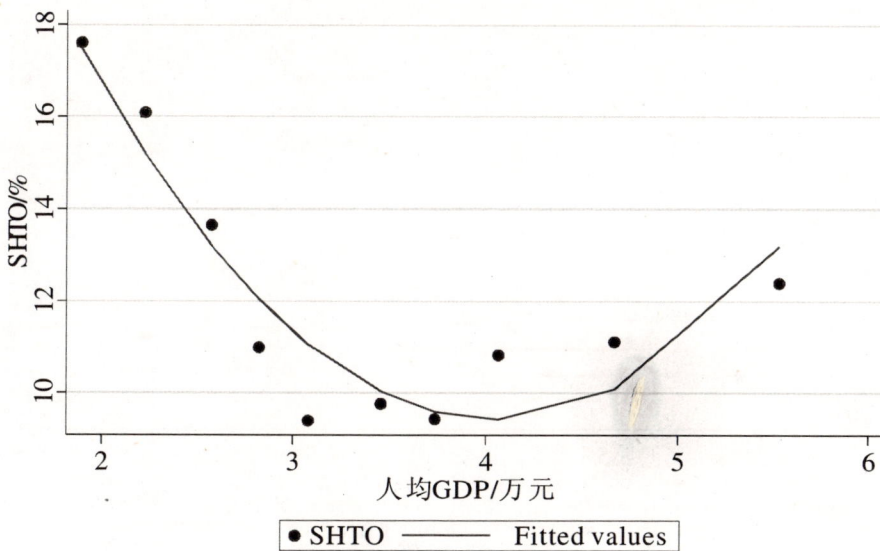

$Y=1.731\ 623X^2-14.040\ 64X+37.866\ 66$

$R^2=0.880\ 8$

图 6-7   1995~2004 年数据用二次曲线拟合的结果

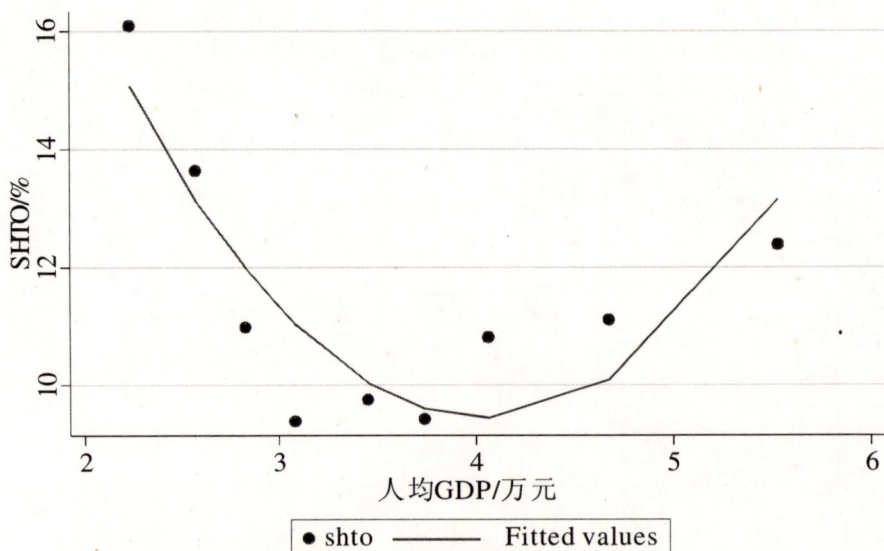

$Y=1.692\,657X^2-13.716\,04X+37.228\,48$

$R^2=0.779\,6$

图 6-8　1996~2004 年数据用二次曲线拟合的结果

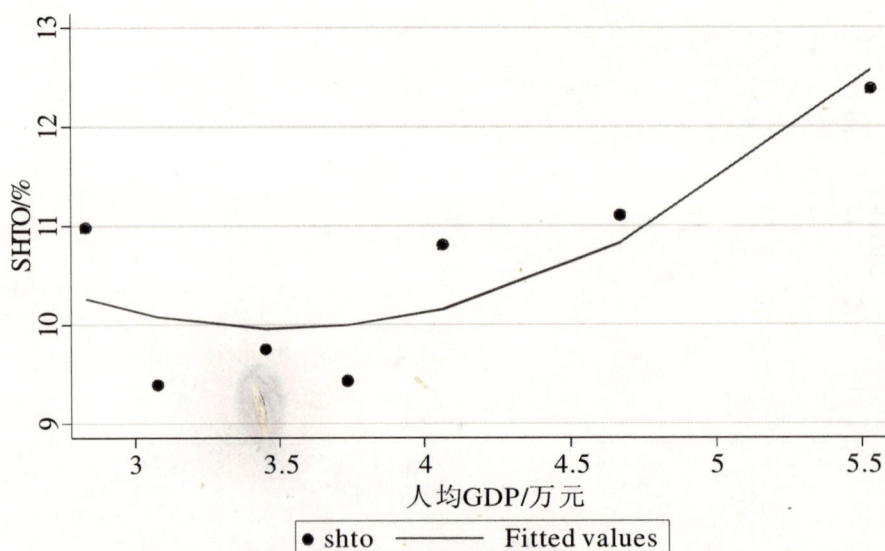

$Y=0.640\,138\,5X^2-4.495\,227X+17.851\,91$

$R^2=0.735\,6$

图 6-9　1998~2004 年数据用二次曲线拟合的结果

第二，从 R^2 值的角度而言，拟合四，亦即选取 1995～2004 年数据作出的 SHTO 二次曲线拟合，拟合优度最大。其他拟合的拟合优度均在 50% 以上。

第三，从二次项系数的符号来看，除了拟合一和拟合二，其他拟合的二次项系数均为正值，这与 SHTO 的倒 U 型相悖。

第四，从拟合分析结果来看，迄今为止似乎还很难判断上海住宅开发投资与人均 GDP 之间的关系。

6.3 需要进一步关注的若干政策问题

作为计划经济时期土地资源和房产资源的实际控制者，政府无疑是 20 世纪 90 年代以来上海房地产业市场化进程的主导者，当然同时也是整个房地产市场的规制者和调控者。在"十五"期间，政府还一度成为上海房地产业高速增长的有力推动者。当上海房地产业进入新的成长阶段之际，如何在科学理论指导下，总结历史经验教训，改进并完善上海的房地产业政策，自然也就成了一个无法回避的问题。

6.3.1 反垄断

作为一切反竞争的制度、行为和状态，垄断是市场经济不可避免的产物。垄断不仅直接危害了市场经济的基本伦理和竞争秩序，而且也造成了社会福利的损失。正因为如此，反垄断政策也就成为现代市场经济体制国家政府基本经济政策不可或缺的重要组成部分。

在房地产业中，垄断不仅不可避免，而且较之多数产业而言，由房地产业的某些固有特性所致，其发生较高程度垄断的可能性似乎更大一些。具体来说，由于土地资源的有限性、不可再生性和异质性，很容易导致在特定时期和特定地域内土地和房产供给的严重不足，从而滋长了土地市场和房产市场的垄断性。不仅如此，房地产的异质性还进一步抑制了房地产市场的竞争程度，使得房地产开发商和投资者很容易通过串谋甚至区域性市场的垄断，主要以所谓价格歧视手段，谋取超额垄断利润。这不仅直接阻碍了房地产市场的有效竞争，而且还往往会助长特定区域房地产市场的非理性投机行为，从而进一步加大房地产业的风险。

由于我国目前尚未颁布反垄断法，因此我们无法对上海房地产业可能存在的垄断问题做出有法律依据的判断，而只能从理论角度，揭示近年来上海房地产业发展过程中涉嫌垄断的一些现象。主要有：

1．上海房地产业的高利润水平

在市场竞争过程中，许多产业或企业难免会出现超额利润。按照成因来分，这些超额利润大致可分为四类：①预想外利润，它由不可预期的需求和成本变化形成；②创新利润，它由开发或引入新技术、新产品所致；③风险利润，它表现为企业在风险性大的领域进行风险投资成功时所获得的利润；④垄断利润，它来源于企业对市场的控制。从主流产业经济学来看，如果市场竞争是充分的，那么前三种超额利润都属于短期利润，不可能长期存在，而只有垄断利润才有可能长期维持。因此，通常判断一个产业或企业是否涉嫌垄断的一个重要线索，便是该产业或企业的利润率水平。

近年来，有关房地产业"暴利"的说法一直不绝。从2004年上海第一次经济普查所公布的数据来看（参见表6-14），上海房地产业确实存在着高额利润。2004年其利润总额相当于整个上海制造业利润总额的41.6%，在全市所有产业中排名第二，仅次于批发和零售业。但是在是否存在超额利润的问题上，有关统计数据却不乏令人疑惑甚至觉得矛盾之处。

首先，2004年上海房地产业的主营业务利润率高达16.4%，在全市各产业中排名第三，仅次于烟草制品业和金融业，比全市工业和第三产业的平均主营业务利润率（7.2%）高出9.2个百分点。但另一方面，如表6-16所示，1995年以来上海房地产业主营业务利润率出现了显著的波动，其中只有1995、1996、2003和2004四年超过了12%，其余年份则在2.3%~8.5%之间。也就是说，如果从1995~2004年间的主营业务波动率来看，上海房地产业似乎并不存在足够的垄断嫌疑。

其次，2004年上海房地产业的权益利润率为10.2%，在表中所列36个产业中位列第24位，比当年全市工业和第三产业的平均权益利润率（11.6%）低1.4个百分点。众所周知，所有者权益显示的是企业投资人对企业净资产的所有权。企业净资产则等于企业全部资产减去全部负债后的余额，包括企业投资人对企业的最初投入的实际到位的资产及资本公积金、盈余公积金和未分配利润。因此，权益利润率可看作是企业净资产的盈利能力。[1]照此理解，上海房地产业的净资产盈利能力实际上还低于全市平均水平，似乎不能表明其存在暴利，当然也无法推断其存在垄断嫌疑。

―――――――――――

①尽管由于统计数据的有限，我们只能用权益的年末数来替代当年的平均数，但是其中存在的误差通常不至于会对结果产生实质性的影响。

表 6-14

2004 年上海主要产业的经济效益指标

产业名称	所有者权益（亿元）	主营业务收入（亿元）	利润总额（亿元）	主营业务利润率(%)	权益利润率（%）
农副食品加工业	38.3	170.1	0.04	0.02	0.1
食品制造业	98.3	223.6	7.3	3.3	7.4
饮料制造业	46.4	99.6	5.9	5.9	12.7
烟草制品业	325.7	189.9	72.5	38.2	22.3
纺织业	168.2	392.8	11.7	3.0	7.0
纺织服装、鞋、帽制造业	103.4	359.8	14.2	3.9	13.7
皮革、毛皮、羽毛(绒)及其制品业	24.4	108.2	5.6	5.2	23.0
木材加工及木、竹、藤、棕、草制品业	45.7	100.4	3.2	3.2	7.0
家具制造业	35.0	138.2	8.9	6.4	25.4
造纸及纸制品业	57.7	140.0	3.9	2.8	608
印刷业和记录媒介的复制业	91.2	148.5	13.8	9.3	15.1
文教体育用品制造业	47.0	140.4	4.2	3.0	8.9
石油加工、炼焦及核燃料加工业	294.4	676.9	52.1	7.7	17.7
化学原料及化学制品制造业	425.3	819.9	51.4	6.3	12.1
医药制造业	146.6	217.8	16.2	7.4	11.1
化学纤维制造业	50.3	75.5	4.1	5.4	8.2
橡胶制品业	62.8	141.6	5.6	4.0	8.9
塑料制品业	171.2	366.8	17.6	4.8	10.3
非金属矿物制品业	205.1	370.4	22.9	6.2	11.2
黑色金属冶炼及压延加工业	687.3	1 090.4	166.5	15.3	24.2
有色金属冶炼及压延加工业	54.6	243.8	8.3	3.4	15.2
金属制品业	218.0	626.5	42.0	6.7	19.3
通用设备制造业	420.1	1 056.0	75.4	7.1	17.9
专用设备制造业	187.5	422.7	18.9	4.4	10.1
交通运输设备制造业	825.5	1 589.8	195.1	12.3	23.6
电气机械及器材制造业	352.8	950.1	71.4	7.5	20.2
通信设备、计算机及其他电子设备制造业	788.7	3 424.3	88.5	2.6	11.2

表 6-14(续)

产业名称	所有者权益 (亿元)	主营业务收入 (亿元)	利润总额 (亿元)	主营业务利润率(%)	权益利润率(%)
仪器仪表及文化、办公用机械制造业	101.0	281.1	22.8	8.1	22.6
工艺品及其他制造业	33.6	92.7	5.4	5.8	16.1
电力、燃气及水的生产和供应业	959.8	573.3	31.8	5.5	3.3
电力、热力的生产和供应业	787.7	486.3	31.5	6.5	4.0
房地产业	4 128.0	2 579.5	422.7	16.4	10.2
批发和零售业	3 311.6	18 961.1	462.1	2.4	14.0
交通运输、仓储和邮政	1 705.3	2 029.9	245.4	12.1	14.4
住宿和餐饮	210.0	336.7	13.8	4.1	6.6
金融业	768.5	1 754.2	299.5	17.0	39.0

资料来源：上海市统计局《上海市第一次经济普查主要数据公报》(第二号和第三号)。表中均为年末数。另外，我们在表中略去了少数主营业务收入额较小的产业。

2. 串谋

如前所述，在近年来上海房地产业经济高速增长过程中，确实存在着某种程度的投机行为。房地产市场上投机者和投机行为本来就是不可避免的，但问题是在近年来上海房地产市场上，不少投机行为是通过投机者之间的串谋达成的，如著名的"温州炒房团"的某些投机行为以及房产开发商之间的价格同盟就是明显的例证。

近年来，某些"炒房团"涉嫌串谋的炒房手法是：首先，集中购买某一地域甚至某一楼盘的房产；其次，在办理完交易手续后，私下约定卖出价格的上涨幅度和挂牌时间，经有关房产经纪公司中介，同时挂牌转售。

而在国家对房地产业实施较为严厉的宏观调控之后，为了防止价格出现超过预期的下跌，有关房地产开发企业通过会议或私下约定的途径，联合控制待售房产的数量和价格。

从反垄断的角度来说，串谋从来就是政府必须规制的重点问题。串谋主要分为两种：①公开的横向串谋。主要是指同一产业内的卖者之间通过协议、约定等形式，共同确定价格、产量，分配市场，阻止进入以及其他排斥竞争对手的诸多行为。②暗中的横向串谋。主要是指在寡占市场上，卖者之间因其相互依存性 (mutual interdependence)，即使没有任何串谋或明确的协议，也可通过由这种相互依存性所导致的暗中默契，达到非常接近垄断水平的价格产量组合或其他使其获得最大利润的垄断状态。由于这一垄断行为往往缺乏足够的证据，因此在各国反垄断政策中，对暗中串谋的认定往往规定了相当复杂的条件。

显然，如果若干投机者凭借对某处房产的大量拥有，通过相互约定的方式，控制该处房产的卖出价格，那就是涉嫌垄断的串谋行为了。对此，尽管目前我国尚未颁布反垄断法，但是从维护上海房地产市场的有效竞争的立场出发，上海市政府必须高度重视，并充分利用现行各项法律法规所赋予的权力，对这种串谋行为予以规制。

6.3.2 公共住房政策

如前所述，住宅是居民生活不可缺少的基本条件之一。由于相对于居民的支付能力而言，住宅的价格和租赁价格往往较高，以至于并不是所有居民家庭都有能力按市场价格购买或租赁住宅。另一方面，保证公民基本的居住条件也是现代市场经济体制国家政府福利政策的基本目标之一。因此，即使房地产业完全纳入市场化轨道，也还需要政府从保障每一个居民家庭的基本居住条件这一立场出发，制定相关的公共住房政策，通过多种途径，实现基本的社会福利。

目前，上海市政府推行的公共住房政策的主要内容有二：

（1）廉租屋制度。按照沪府发[2000]41号、沪房地资廉[2001]280号和沪房地资廉[2003]521号文件规定，申请享受本市廉租住房的家庭须同时符合下列条件：①家庭月收入符合本市民政部门规定的城镇居民最低生活保障标准，且已接受民政部门连续救助6个月以上；②家庭人均居住面积低于$7m^2$；③家庭成员具有本市非农业常住户口且实际居住，并至少有一人取得本市非农业常住户口5年以上，其他成员户口迁入此住处满1年以上；④家庭人数为两人及两人以上，家庭成员之间具有法定的赡养、扶养或者抚养关系。廉租住房的配租方式则采取以租金配租为主，实物配租为辅的配租形式。即：①实物配租。即政府以家庭月收入5%的低租金向孤老、残疾等特殊困难家庭，按人均居住面积$7m^2$进行实物配租，并实行轮候。②租金补贴。以人均居住面积$7m^2$为解决标准，给符合条件的其他一般家庭按地段级差给予每平方米居住面积一定的补贴额度（2003年4月扩大廉租住房的受益范围时，适度调整了廉租对象的租金补贴标准，9个中心城区和浦东新区每月每平方米居住面积补贴租金48元，闵行、宝山、嘉定3个区36元，其余6个区、县24元，均比原标准提高了20%），由其直接到市场上去租房，直接与出租人签署租房合同，并由廉租部门通过银行把补贴款直接支付给出租人。截至到2005年8月底，全市累计受理审请16 782户，公告核实16 970户，已有16 069户家庭享受了廉租住房保障，占符合条件家庭数的95.8%，其中实物配租290户，租金配租15 779户。[①]

（2）重大工程配套商品房和普通中低价商品住房。前者主要确保动迁房源的需求，向重大工程和经认定的旧区改造动迁家庭优先供应；后者则主要是面向中低收入住房困难家庭。2005年，在每年建设300万 m² 配套商品房的基础上，上海市政府又提出了全年新开工配套商品房1000万 m²、中低价普通商品房1000万 m² 的目标。这一目标的实现，将使供应给动迁和中低收入住房困难家庭的住房比例占到全市新建住房交易总量的2/3左右。配套商品房和普通中低价商品住房建设将努力实现"造价不高水平高"、"面积不大功能全"，倾力体现老百姓的长远利益，着力贴近老百姓的实际需求，给动迁以及中低收入家庭带来实惠。

上海市政府的上述措施为改善全市中低收入住房困难家庭的居民条件起到了十分明显的作用。但是，从公共住房政策的规范性来看，这些措施还带有一定的过渡性质。我们认为，从在上海率先建成发达的社会主义市场经济的立场出发，上海公共住房政策有必要先行一步，在规范性和稳定性方面积极探索。为此，需要进一步考虑如下三方面的问题：

第一，上海公共住房政策的特殊性。房地产市场不仅属于区域性市场，而且由各区域经济发展水平、人口规模、产业结构、城市化水平、土地资源、居民收入、社会文化以及人口迁徙成本等复杂因素所致，各区域房地产市场的需求量、需求特点、居民支付能力以及房地产业的供给等均存在着不同程度的差异。这样，在中国这样一个大国实行统一的具体化的公共住房政策不仅是相当困难的，而且也是不现实的。正确的选择应当是在国家制定基本的住房公共政策框架的前提下，由各地自行决定有关政策措施的具体内容。倘若如此，那么对于上海来说，有关政策的设计无疑应当充分考虑到上海的实际情况，特别是要充分考虑到上海自身在资源条件和社会经济发展方面的一系列特殊性。

第二，上海公共住房政策的长期性。所谓政策的长期性，主要是指一项政策的设计必须服从于长期的战略目标，并且主要政策内容在相当长一段时期内基本保持不变。唯有如此，政府政策作为干预市场机制的基本手段才可能获得最佳的长期效果。何况从理论上来说，公

---

① 资料来源：www.shfdz.gov.cn(上海市房屋土地资源管理局网站)。

共住房政策本身就属于为克服市场失灵并服务于政府社会福利目标而设计、实施的政府长期政策，而不是一项只是为了一时调控房地产市场的短期政策。目前，上海房地产业已经基本步入了市场化的轨道，众多历史遗留问题也基本得到了妥善的处理，特别是自1994年起步的公房出售工作已渐近尾声，至2003年底累计出售公有住房160.05万套，建筑面积8 708.43万 m²，占可售公房总量的85%以上。[①]就此而言，我们认为上海目前已经具备了制定长期性的公共住房政策的能力。

第三，上海公共住房政策的基本目标和原则。作为政府政策的价值观的基本体现，政策目标和原则的设计对于上海住房公共政策来说无疑是关键性的。其中一个亟待讨论的核心问题是：上海市公共住房政策的基本目标，是全市所有居民家庭都有能力拥有住房的产权，还是全市所有居民家庭都能够达到不同经济发展阶段最基本的居住条件？显然，前者既不现实，在相当长时期内也无法实现。因此，后者无疑当成为上海市政府公共住房政策的基本目标。倘若如此，那么接一下需要考虑的一个问题是：实现这一目标的基本原则又是什么？从目前来看，我们认为廉租屋制度无疑是一个合理的选择，只是需要根据不同经济发展阶段适当上调有关标准，并改进具体实施方式。而中低价商品房制度则显然有进一步讨论的必要，特别是如此大规模的中低价商品房建设究竟是过渡性的，还是长期性的，无疑还有待广泛的讨论和反复的权衡。

6.3.3 经济增长政策

如前所述，在上海市"十五"计划中，房地产业被列为六大支柱产业，得到了政府政策的扶持。不仅如此，国务院在2003年8月颁布的《关于促进房地产市场持续健康发展的通知》（即国务院18号文件）中，也明确把房地产业列为需要大力推动发展的国民经济的支柱产业。可以预见，尽管有波动，房地产业仍将继续对上海经济增长做出显著的贡献。

然而需要讨论的一个问题是：究竟有没有必要从经济增长的立场，运用政策工具去推动房地产业的增长？

现代产业经济学认为，在市场经济条件下，政府经济增长政策对有关产业的扶持的必要性主要来自于三个方面：

第一，市场机制有时不能完全引导经济增长。与此相关的一个典型例子便是有关幼小产

---

① 资料来源：《上海年鉴（2004）》。

业的成长问题。众所周知，在幼小产业成长初期，其产品价格和性能皆远不能与先进国家的同类产品相匹敌。因此，几乎在所有国家，无论是当前的经济先进国家还是经济落后国家，都曾经或者仍在对那些有着动态比较优势同时对本国经济发展前景有着重大影响的所谓战略幼小产业，实施过不同程度的保护和扶持政策，以使其通过在政府保护期内的快速扩张，形成一定的国际市场竞争力，最终有效地推进本国经济增长和现代化。

第二，在开放条件下，经济发展的民族性也不是市场机制能够完全维护和增强得了的。一部18世纪英国产业革命以来的国家兴衰历史表明，经济发展对于任何一个国家来说，实际上都不完全是一个纯粹的经济问题，而在极大程度上与所谓国家利益以及各个时期国家在政治、社会、安全等方面的重大目标高度相关。如D.H.帕金斯（D.H.Perkins）等人指出的那样，市场机制之所以需要干预，在很大程度上不仅因为一般意义上所指的市场机制在诸如外部性、公共产品和垄断等方面的固有缺陷，而且还因为社会使其肩负国家的目标，即使市场作用得以充分发挥，这个目标还是无法实现。①这无论在20世纪初叶以前的欧美列强之间，还是在二战以后席卷全球的各国工业化浪潮中，都可以得到广泛的印证。

第三，所谓支柱产业和主导产业对经济增长的关键性贡献。由于支柱产业对经济增长的直接贡献较大，主导产业因其产业关联性较为显著而对经济增长的影响力较大，以至于不少国家政府为达到或保持一定的经济增长态势，往往采取各种倾斜政策有意识地扶持或促进这两类产业的增长。

显然，由于房地产业的市场空间通常以一定的区域为限，因此它既不属于国际竞争压力下的所谓战略幼小产业，也不涉及国与国之间、地区与地区之间的利益冲突。这样，从表面上看，政府扶持房地产业似乎就是因为其在国家或区域经济增长中的支柱地位（如上海）。然而从根本上来说，在产业进入市场化轨道之后，政府经济增长政策对房地产业的扶持其实是根本不必要的。原因主要在于：既然房地产业的市场空间以一定的区域为限，那么对该区域的政府来说，区域内的房地产企业之间固然有竞争，但整个区域内的房地产业并不会受到其他区域乃至其他国家房地产业的竞争压力。例如，纽约的房价无论如何波动，也无论其住宅性能和质量如何，更无论其产业竞争力如何强大，也不会对上海房地产市场造成任何影

---

① M.吉利斯，D.H.帕金斯，M.罗默和D.R.斯诺德格拉斯等：《发展经济学》（中译本），经济科学出版社，1989年，第137页。

响。这样，不管本区域的房地产业增长速度如何，房地产价值如何，其产业成长所能令产业自身和本区域社会经济发展获得的利益只能以本区域市场容量为限，而不可能发生由竞争带来的通过夺取其他区域房地产业利益而获得的利益增进。另一方面，本区域房地产业的利益也不可能受到其他区域房地业的侵蚀。所以，如果政府从经济增长的立场对房地产业施以倾斜政策，将有限的资源用于无论如何最大利益为本区域市场容量所限的房地产业，不仅是有限的政府资源的浪费，而且还会对市场调节下本区域房地产业的成长带来干扰和扭曲。

事实上，现代产业经济学中扶持支柱产业学说的一个基本出发点恰恰是房地产业所不具备的，即任何需要政府扶持的支柱产业必须是受到国际竞争压力的产业，因为国际竞争会使其有可能获得更大的市场和利益，也有可能失去本地市场及相关利益。如果我们承认一个国家之内的各区域经济之间也有竞争的话，那么同样的道理也适合于各区域政府对本地支柱产业的扶持。例如对于像汽车工业这样的支柱产业，上海市政府显然有必要不遗余力地给予扶持。这样，上海汽车工业的竞争力会进一步增强，从而更有利于拓展国内外市场。

综上所述，我们认为在未来上海经济发展过程中，政府确实没必要在经济增长政策方面给予房地产业多少扶持，当然也没必要对其加以限制。房地产业作为今后相当长时期内上海经济增长的支柱产业，其进一步成长只需要遵循市场的逻辑。除了必需的公共住房政策之外，政府还需要做的只是对房地产市场秩序的规范和对房地产市场风险的防范。

参考文献

[1]张红.房地产经济学.北京：清华大学出版社，2005.

[2]谢经荣，吕萍，乔志敏.房地产经济学.北京：中国人民大学出版社，2002.

[3]曹振良等.房地产经济学通论.北京：北京大学出版社，2003.

[4]简德三，王洪卫.房地产经济学.上海：上海财经大学出版社，2003.

[5]张洪力.房地产经济学.北京：机械工业出版社，2004.

[6]国家信息中心，中国经济信息网.CEI 中国行业发展报告——房地产业（2003）.北京：中国经济出版社，2004.

[7]中国人民银行营业管理部课题组.北京市房地产市场研究——金融视角的分析.北京：中国经济出版社，2004.

[8]中国房地产统计年鉴（历年）.北京：中国城市出版社.

[9]现代广告杂志社.中国广告业二十年统计资料汇编.北京：中国统计出版社，2000.

[10]江小涓等.中国经济运行与政策报告No.2.上海：上海财经大学出版社，2004.

[11]严正.中国城市发展问题报告.北京：中国发展出版社，2004.

[12]牛凤瑞.中国房地产发展报告.北京：社会科学文献出版社，2004.

[13]连玉明，武建忠.中国国力报告2005.北京：中国时代经济出版社，2005.

[14]陈劲松.世联观察.北京：机械工业出版社，2004.

[15]丁名申，钱平雷.旅游房地产学.上海：复旦大学出版社，2004.

[16]北京百年建筑文化交流中心.实战型房地产EMBA课题精选1——市场与战略.北京：清华大学出版社，2004.

[17]中国社科院财贸经济研究所等.中国城镇住宅制度改革.北京：经济管理出版社，1999.

[18]李贤沛，胡立君.21世纪初中国的产业政策.北京：经济管理出版社，2004.

[19]龚仲军.产业结构研究.上海：上海财经大学出版社，2002.

[20]苏东水.产业经济学.北京：高等教育出版社，2000.

[21]罗斯托.经济成长的阶段：一篇非共产党宣言.北京：商务印书馆，1962.

[22]西蒙·库兹涅茨.各国的经济增长.北京：商务印书馆，1990.

[23]泰勒尔.产业组织理论.张维迎，译.北京：中国人民大学出版社，1997.

[24]王国军，刘水杏.房地产业对相关产业的带动效应研究.经济研究，2004（8）.

[25]沈悦.我国房地产资产价值与国家财富的关系研究.清华大学学报：社会科学版，2004（1）.

[26]况伟大.空间竞争、房价收入比与房价.财贸研究，2004（7）.

[27]皮舜，武康平.房地产市场发展和经济增长间的因果关系——对我国的实证分析.管理评论，2004（3）.

[28]李启明.论中国房地产业与国民经济的关系.中国房地产，2002（6）.

[29]世界银行.1994年世界发展报告：为发展提供基础设施.北京：中国财政经济出版社，1994.

[30]王金明，高铁梅. 对我国房地产市场需求和供给函数的动态分析. 中国软科学, 2004 (4).

[31]陈龙乾等. 中国房地产业发展的历史、现状及其前景. 中国矿业大学学报: 社会科学版, 2003 (4).

[32]苗天青. 我国城市土地出让的寻租与博弈分析. 商业研究, 2004 (11).

[33]郑思齐，刘洪玉. 房地产业界定和核算中的若干问题. 统计研究. 2003 (1).

[34]刘连新. 中国与世界房地产发展比较研究. 青海大学学报: 自然科学版, 1999 (6).

[35]赵传葆等. 房地产业在上海经济发展中的支柱地位研究——房地产业增加值统计数据剖析及思考. 财经研究, 2000 (12).

[36]孔凡文，刘宁等. 房地产业与相关产业关联度分析. 沈阳建筑大学学报: 自然科学版, 2005 (3).

[37]曹旭华，田霄燕. 我国房地产业就业的区域不均衡现象分析. 商业经济与管理, 2004 (1).

[38]雷明，敬晓清. 行业吸纳就业的能力研究——基于宁夏回族自治区的投入产出核算分析. 统计研究, 2004 (1).

[39]苗天青，朱传耿. 中国房地产市场的地域特征分析. 经济地理, 2005 (3).

[40]Elzinga & Hogarty.The problem of geographic market delineation in anti-merger suits [M].Anti-trust Bulletin,1973,18(1):45-81.

[41]Leland S. Burns, Leo Grebler. Resourse allocation to housing investment: A comparative analysis. Economic Development and Cultural Change, 1976, 25(1):95-121.

[41]http://www.stats-sh.gov.cn

[43]www.stat.go.jp

[44]www.iochina.org.cn/touruchanchubiao.htm

[45]http://www.cin.gov.cn

[46]http://www.pbc.gov.cn

[47]http://sh.soufun.com

[48]www.xinhuanet.com

[49]http://house.sina.com.cn

[50]http://www.realestate.cei.gov.cn

[51]http://www.stats.gov.cn